经济数学学习指导

JINGJI SHUXUE XUEXI ZHIDAO

主　编　刘　逸　　易　强

副主编　彭丽娇　　单武将　　王超杰

苏 州 大 学 出 版 社

图书在版编目(CIP)数据

经济数学学习指导/刘逸，易强主编. —苏州：苏州大学出版社，2021.3（2024.7重印）
ISBN 978-7-5672-3421-5

Ⅰ.①经… Ⅱ.①刘… ②易… Ⅲ.①经济数学-高等职业教育-教学参考资料 Ⅳ.①F224.0

中国版本图书馆 CIP 数据核字(2020)第 252107 号

经济数学学习指导
刘 逸 易 强 主编
责任编辑 李 娟

苏 州 大 学 出 版 社 出 版 发 行
（地址:苏州市十梓街 1 号 邮编:215006）
广东虎彩云印刷有限公司印装
（地址:东莞市虎门镇黄村社区厚虎路20号C幢一楼 邮编:523898）

开本 700 mm×1 000 mm 1/16 印张 8.75 字数 158 千
2021 年 3 月第 1 版 2024 年 7 月第 3 次印刷
ISBN 978-7-5672-3421-5 定价:30.00 元

若有印装错误,本社负责调换
苏州大学出版社营销部 电话:0512-67481020
苏州大学出版社网址 http://www.sudapress.com
苏州大学出版社邮箱 sdcbs@suda.edu.cn

《经济数学学习指导》
编　写　组

主　审　王卫群　张新萍

主　编　刘　逸　易　强

副主编　彭丽娇　单武将　王超杰

参　编　贺楚雄　张新萍　袁文胜

易　强　刘康波　管永娟

卢惟康　胡铁城　徐志尧

叶　娇

前 言

本书是与苏州大学出版社出版的《经济数学》相配套的学习指导书.本书根据教学实际情况,按照一次课一节内容划分,尤其是对微积分部分进行了细分,因此与配套教材章节有所出入.具体如下:本书第1章对应配套教材的第1章,本书第2章、第3章对应配套教材的第2章,本书第4章、第5章对应配套教材的第3章.

每节内容大体上包括基本要求、帮你读书、疑难解惑、技能训练四个部分.基本要求部分列出了每章所需掌握的知识点;帮你读书部分概括性地介绍了本节的内容和学习要点;疑难解惑部分详细地解答了本节内容中难以消化和容易混淆的知识点;技能训练部分分成了A,B两组,学生通过练习可以全面理解和掌握本节内容.最后给出了技能训练及自测题的参考答案,部分题目给出了详细的解题步骤,供学生学习时参考.

本书由王卫群、张新萍主审,刘逸、易强主编.本书共五章,其中第1章由贺楚雄、管永娟编写,第2章由张新萍、卢惟康编写,第3章由易强、徐志尧编写,第4章由袁文胜、胡铁城编写,第5章由刘康波、叶娇编写,刘逸负责对全书进行统稿.

本书可作为报考专升本的考生的复习参考书,也可供大专院校数学教师及其他有关人员参考.本书的编写和出版得到了苏州大学出版社的大力支持,在此致以最诚挚的谢意.

由于编者水平有限,时间也比较仓促,书中难免存在一些不足或错误,敬请广大读者批评指正,以便我们在今后的教学中加以完善.我们的电子邮箱是1014622599@qq.com.

目 录

第1章 函 数

1.1 函数的概念

【基本要求】

1. 理解函数的概念.
2. 掌握求函数定义域的方法,会求初等函数的定义域和函数值.
3. 了解分段函数的概念,掌握求分段函数的定义域和函数值的方法.
4. 了解函数的奇偶性、单调性、周期性、有界性的概念.

【疑难解惑】

Q:如何判定两个函数是否相等?

A:由函数的定义可知,决定一个函数的因素有三个:定义域 D、对应法则 f 和值域 Z,其中起决定作用的是定义域 D 和对应法则 f,从而定义域 D 和对应法则 f 就是决定一个函数的两个要素.因此,两个函数相等的充要条件是定义域相同且对应法则也相等.特别要注意的是,两个函数是否相等与它们的自变量和因变量是否用相同的字母表示无关.

Q:如何求函数的定义域?

A：当我们要考虑函数的实际意义时，应根据函数的实际意义来确定定义域.对于用数学式子表示的函数，它的定义域可由函数表达式本身来确定，即要使运算有意义.常见的情形有：

(1) 在分式中，分母不能为零；

(2) 在根式中，负数不能开偶次方根；

(3) 在对数式中，真数不能为零和负数；

(4) 在反三角函数式中，要符合反三角函数的定义域；

(5) 如果函数表达式中含有分式、根式、对数式或反三角函数式，则取各部分定义域的交集.

【技能训练】

A 组

1. 填空题：

(1) 设 $f(x)=\begin{cases}\dfrac{x}{2}, & x>1,\\ x, & x\leqslant 1,\end{cases}$ 则 $f[f(2)]=$________.

(2) 函数 $y=\sqrt{4-x}+\dfrac{1}{\ln(x-1)}$ 的定义域是________.

(3) 函数 $f(x)=\begin{cases}x+1, & -2\leqslant x<0,\\ 2, & x=0,\\ x^2+2, & 0<x\leqslant 3\end{cases}$ 的定义域是________.

(4) 设函数 $f(x)=\dfrac{x^2-1}{x+1}$，$g(x)=x-1$，则它们在区间________上是相同的函数.

2. 选择题：

(1) 将函数 $f(x)=1+|x-1|$ 表示为分段函数时，$f(x)=($ $)$.

(A) $\begin{cases}2-x, & x\geqslant 0,\\ x, & x<0\end{cases}$　　(B) $\begin{cases}x, & x\geqslant 0,\\ 2-x, & x<0\end{cases}$

(C) $\begin{cases}x, & x\geqslant 1,\\ 2-x, & x<1\end{cases}$　　(D) $\begin{cases}2-x, & x\geqslant 1,\\ x, & x<1\end{cases}$

(2) 在下列几对函数中，$f(x)$与$g(x)$相同的是(　　).

(A) $f(x)=\lg x^2$ 与 $g(x)=2\lg x$　　(B) $f(x)=x$ 与 $g(x)=\sqrt{x^2}$

(C) $f(x)=x$ 与 $g(x)=\sqrt[3]{x^3}$　　(D) $f(x)=1$ 与 $g(x)=\frac{x}{x}$

3. 求下列函数的定义域：

(1) $y=\sqrt{5x+8}$；　　(2) $y=\frac{1}{4-x^2}$；

(3) $y=\frac{1}{x}-\sqrt{9-x^2}$；　　(4) $y=\frac{1}{\sqrt{3-x^2}}$；

(5) $y=\cos\sqrt{x}$；　　(6) $y=\tan(1+x)$；

(7) $y=\arcsin(x-2)$；

(8) $y=\sqrt{5-x}+\arctan\frac{1}{x}$；

(9) $y=\ln(2+x)$；

(10) $y=e^{\frac{1}{x}}$.

4. 在下列各题中，函数 $f(x)$和 $g(x)$是否相同？为什么？

(1) $f(x)=1, g(x)=\frac{x}{x}$；

(2) $f(x)=\ln(1+x)-\ln(1-x), g(x)=\ln\frac{1+x}{1-x}$；

(3) $f(x)=1, g(x)=\sin^2 x+\cos^2 x$.

B 组

1. 已知 $f(x+1)=x^2+2x$，则 $f\left(\frac{1}{x}\right)=$ ________.

2. 设 $f(x)=\frac{1}{1-x}$，求 $f[f(x)]$，$f\{f[f(x)]\}$，$f\left[\frac{1}{f(x)}\right]$.

3. 已知 $f(2x-1)=x^2-2x+\sin x$，求 $f(x+1)$.

1.2 初等函数

【基本要求】

1. 掌握六类基本初等函数的图象及主要性质.
2. 会区分基本初等函数、简单函数和初等函数.
3. 会对函数进行复合及分解.
4. 了解初等函数与复合函数的关系.

【帮你读书】

1. 熟记常数函数、幂函数、指数函数、对数函数、三角函数和反三角函数等基本初等函数的解析表达式、定义域与值域、图象及主要性质(表 1-1).

表 1-1

函数类型	函　数	定义域与值域	图　象	特　性
幂函数	$y=x$	$x\in(-\infty,+\infty)$, $y\in(-\infty,+\infty)$	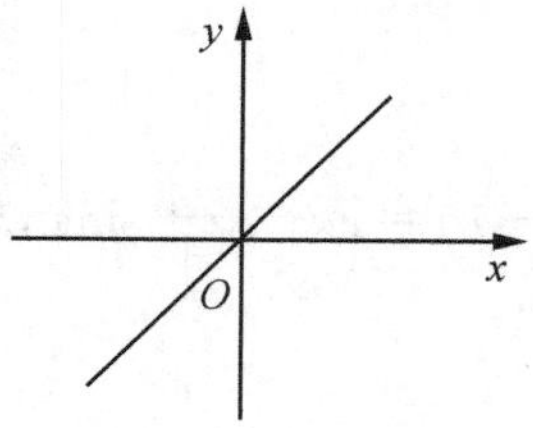	奇函数,单调增加
	$y=x^2$	$x\in(-\infty,+\infty)$, $y\in[0,+\infty)$	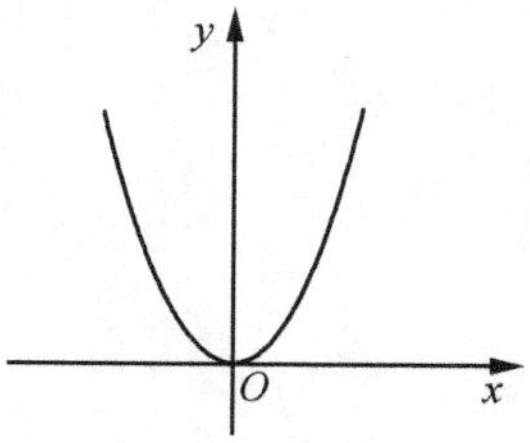	偶函数,在$(-\infty,0)$内单调减少,在$(0,+\infty)$内单调增加

续表

函数类型	函　数	定义域与值域	图　象	特　性
幂函数	$y=x^3$	$x\in(-\infty,+\infty)$， $y\in(-\infty,+\infty)$	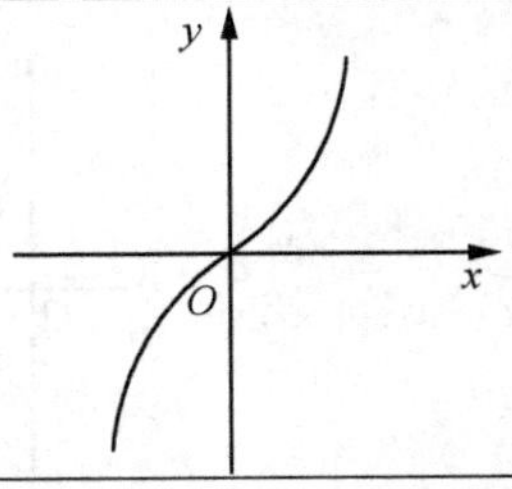	奇函数，单调增加
	$y=x^{-1}$	$x\in(-\infty,0)\cup(0,+\infty)$， $y\in(-\infty,0)\cup(0,+\infty)$	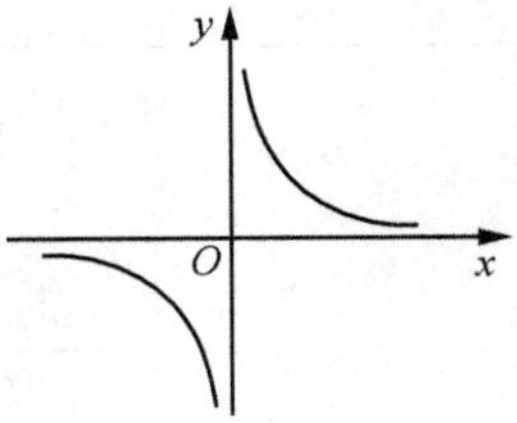	奇函数，单调减少
	$y=x^{\frac{1}{2}}$	$x\in[0,+\infty)$， $y\in[0,+\infty)$	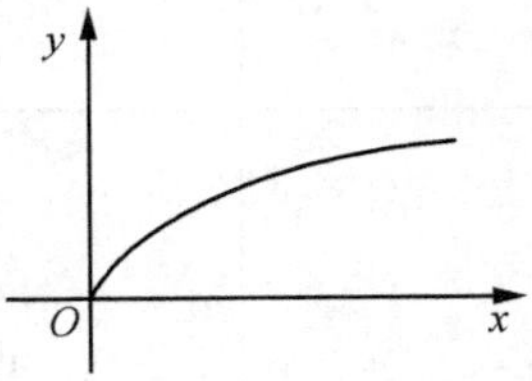	单调增加
指数函数	$y=a^x$ $(0<a<1)$	$x\in(-\infty,+\infty)$， $y\in(0,+\infty)$	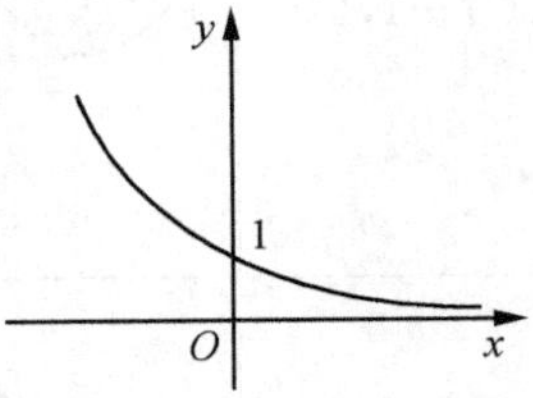	单调减少
	$y=a^x$ $(a>1)$	$x\in(-\infty,+\infty)$， $y\in(0,+\infty)$	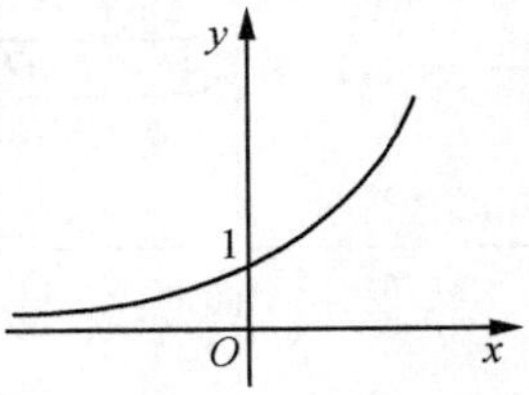	单调增加

续表

函数类型	函　数	定义域与值域	图　象	特　性
对数函数	$y=\log_a x$ $(0<a<1)$	$x\in(0,+\infty)$, $y\in(-\infty,+\infty)$	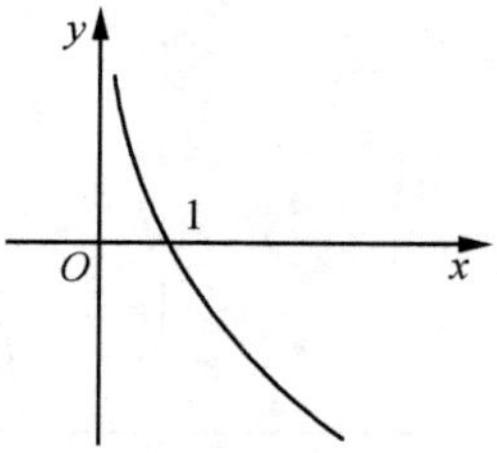	单调减少
	$y=\log_a x$ $(a>1)$	$x\in(0,+\infty)$, $y\in(-\infty,+\infty)$	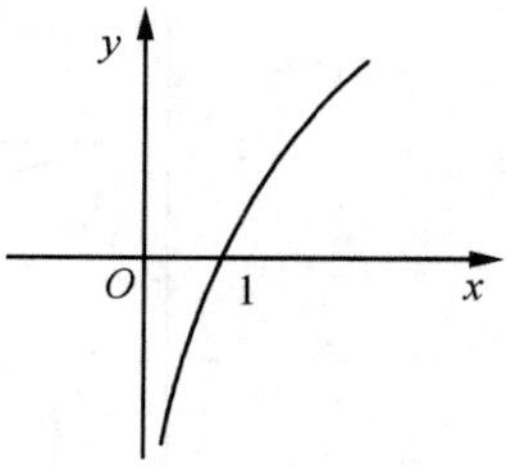	单调增加
三角函数	$y=\sin x$	$x\in(-\infty,+\infty)$, $y\in[-1,1]$	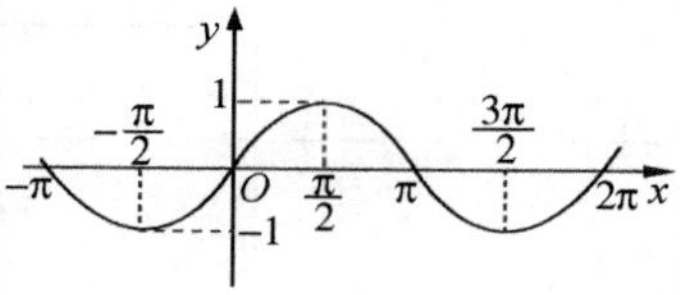	奇函数,周期为 2π,有界,在 $\left(2k\pi-\frac{\pi}{2},2k\pi+\frac{\pi}{2}\right)$ 内单调增加,在 $\left(2k\pi+\frac{\pi}{2},2k\pi+\frac{3\pi}{2}\right)$ 内单调减少($k\in\mathbf{Z}$)
	$y=\cos x$	$x\in(-\infty,+\infty)$, $y\in[-1,1]$	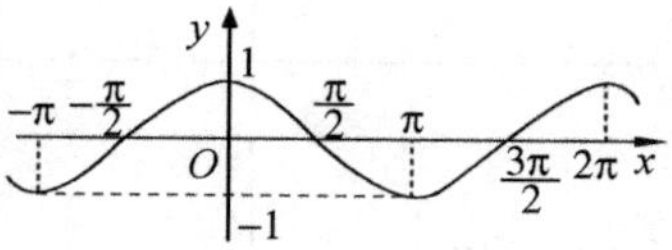	偶函数,周期为 2π,有界,在 $(2k\pi,2k\pi+\pi)$ 内单调减少,在 $(2k\pi+\pi,2k\pi+2\pi)$ 内单调增加($k\in\mathbf{Z}$)
	$y=\tan x$	$x\neq k\pi+\frac{\pi}{2}$, $y\in(-\infty,+\infty)$	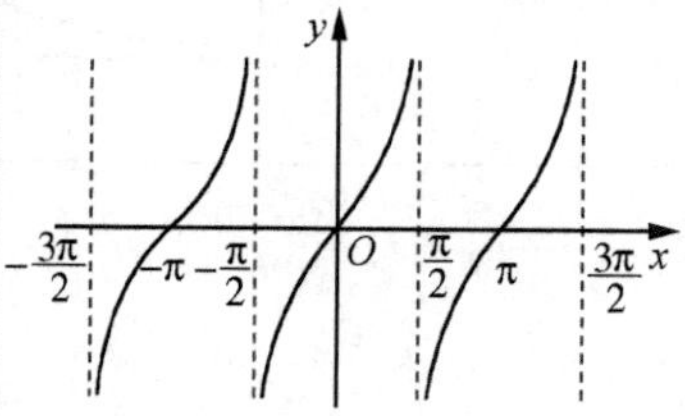	奇函数,周期为 π,在 $\left(k\pi-\frac{\pi}{2},k\pi+\frac{\pi}{2}\right)$ 内单调增加($k\in\mathbf{Z}$)

续表

函数类型	函　数	定义域与值域	图　象	特　性
三角函数	$y=\cot x$	$x\neq k\pi$, $y\in(-\infty,+\infty)$	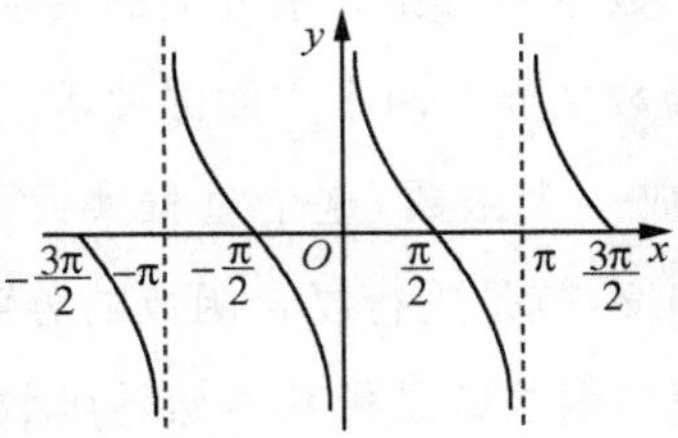	奇函数,周期为 π,在 $(k\pi,k\pi+\pi)$ 内单调减少 $(k\in\mathbf{Z})$
反三角函数	$y=\arcsin x$	$x\in[-1,1]$, $y\in\left[-\frac{\pi}{2},\frac{\pi}{2}\right]$	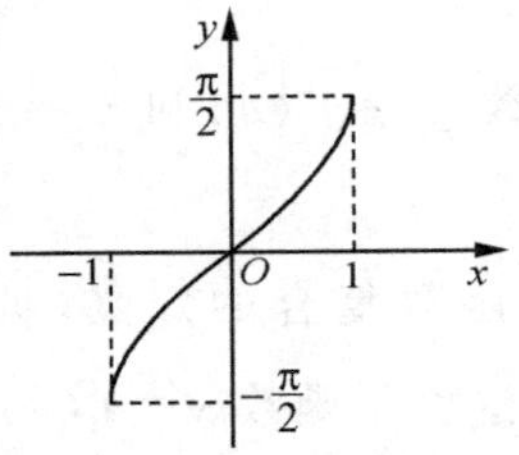	奇函数,单调增加,有界
	$y=\arccos x$	$x\in[-1,1]$, $y\in[0,\pi]$	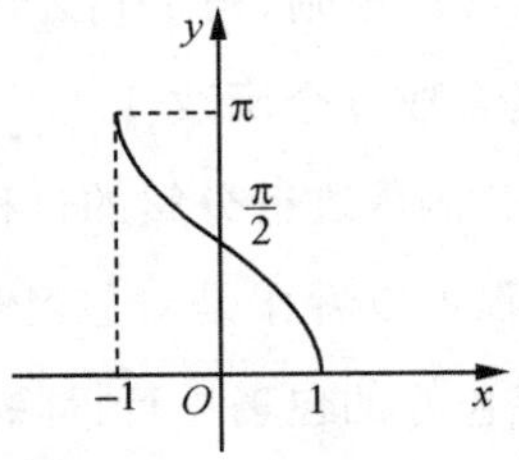	单调减少,有界
	$y=\arctan x$	$x\in(-\infty,+\infty)$, $y\in\left(-\frac{\pi}{2},\frac{\pi}{2}\right)$	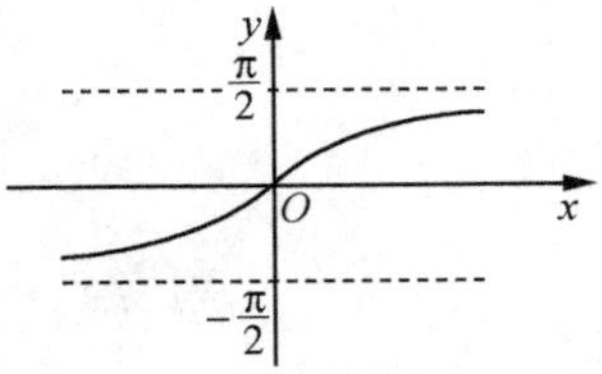	奇函数,单调增加,有界
	$y=\text{arccot}\,x$	$x\in(-\infty,+\infty)$, $y\in(0,\pi)$	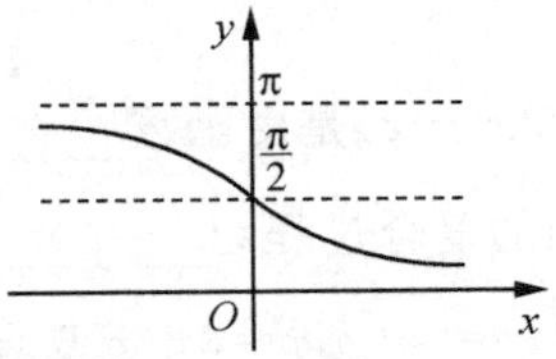	单调减少,有界

2. 理解复合函数的概念,会对复合函数进行分解.

3. 知道初等函数的概念.

【疑难解惑】

Q：学习复合函数主要有哪几个方面的要求？

A：学习复合函数主要有两个方面的要求.一方面是进行复合函数的合成，即将几个函数复合成一个函数，这个过程实际上是将中间变量依次代入的过程；另一方面恰好相反，就是进行复合函数的分解，即将一个复合函数分解成几个简单函数.所谓简单函数就是指基本初等函数或由基本初等函数经过四则运算所得到的函数.

Q：任意两个函数 $y=f(u)$ 和 $u=\varphi(x)$ 是否都能复合成函数 $y=f[\varphi(x)]$？

A：不一定.按照函数复合的定义，$y=f(u)$ 和 $u=\varphi(x)$ 复合成 $y=f[\varphi(x)]$ 是有条件的，这就是函数 $y=f(u)$ 的定义域 D 和 $u=\varphi(x)$ 的值域 Z 的交集非空，即 $D\cap Z\neq\varnothing$.否则，当 $D\cap Z=\varnothing$ 时，$f[\varphi(x)]$ 便没有意义了，因此这两个函数就不能复合成复合函数.

Q：如何理解对复合函数进行分解的过程？

A：函数复合的过程可以看作是对包裹进行打包(由内向外)，而函数分解的过程可以看作对已经包好的包裹进行拆除(由外向里).

【技能训练】

A 组

1. 填空题：

(1) 函数 $y=\tan(3x^2+2)$ 是由函数__________和__________复合而成.

(2) 函数 $y=3^{\cos 2x}$ 的复合过程为______________________________.

(3) 由函数 $y=e^u, u=\sin v, v=3+x$ 复合而成的函数是________________.

2. 选择题：

(1) 下列函数是基本初等函数的为(　　).

(A) $f(x)=x+1$　　　　(B) $y=\sin\sqrt{x}$

(C) $f(x)=x^{\sqrt{2}}$　　(D) $f(x)=\begin{cases}1, & x\geqslant 0,\\ -1, & x<0\end{cases}$

(2) 下列函数不是复合函数的是(　　).

(A) $y=\left(\frac{1}{3}\right)^x$　　(B) $y=e^{1+x^2}$

(C) $y=\ln\sqrt{1-x}$　　(D) $y=\sin(2x+1)$

3. 在下列各题中,求由所给函数复合而成的复合函数:

(1) $y=u^2, u=\sin x$;　　(2) $y=\cos u, u=2x$;

(3) $y=\sqrt{u}, u=1+x^2$;　　(4) $y=e^u, u=x^2$;

(5) $y=u^2, u=e^x$.

4. 指出下列初等函数由哪些基本初等函数复合而成：

(1) $y=\lg\sin x^2$；　　(2) $y=e^{\sqrt{1+\sin x}}$；

(3) $y=\arccos[\sqrt{\ln(x^2-1)}]$.

B 组

1. 下列函数不是初等函数的是(　　).

(A) $y=\dfrac{x^2-1}{x-1}$　　(B) $y=\begin{cases}1+x, & x\geqslant 0,\\ x^2, & x<0\end{cases}$

(C) $y=\sqrt{-2-\cos x}$　　(D) $y=\left[\dfrac{\sin(e^x-1)}{\lg(1+x^2)}\right]^{\frac{1}{2}}$

2. 设 $f(x)$的定义域 $D=[0,1]$,求下列各函数的定义域：

(1) $f(x^2)$；　　(2) $f(\cos x)$；

(3) $f(x+a)(a>0)$；　　(4) $f(x+a)+f(x-a)(a>0)$.

1.3 常见经济函数

【基本要求】

1. 了解需求函数、供给函数、均衡价格、供求平衡、总成本函数、收入函数和利润函数的概念.

2. 会利用上述常见经济函数解决一些简单的实际问题.

【疑难解惑】

Q：常见的经济函数有哪些？

A：在用数学方法解决经济问题时，往往需要找出经济变量之间的函数关系，常见的经济函数包括需求函数、供给函数、总成本函数、收入函数、利润函数等.

Q：如何理解需求函数？

A：需求函数表示的是商品需求量 q 和价格 p 这两个经济量之间的数量关系

$$q=f(p).$$

一般说来，商品价格低，需求量大；商品价格高，需求量小. 因此，一般需求函数是单调减少函数. 常用的需求函数有如下类型：

线性函数：$q=b-ap(a,b>0)$；

幂函数：$q=kp^{-a}(a,k>0)$；

指数函数：$q=ae^{-bp}(a,b>0)$.

Q：如何理解供给函数？

A：供给函数是指在某一特定时期内，市场上某种商品的各种可能的供给量 s 和决定这些供给量的诸因素之间的数量关系. 一般说来，商品价格 p 低，生产者不愿生产，供给量 s 少；商品价格 p 高，供给量 s 多. 因此，一般供给函数为单调增加函数. 通过经验总结，常用的供给函数有如下类型：

线性函数：$s=ap-b(a,b>0)$；

幂函数：$s=kp^{a}(a,k>0)$；

指数函数：$s=ae^{bp}(a,b>0)$.

Q：如何理解总成本函数、收入函数和利润函数？

A：在生产和产品的经营活动中，人们总希望尽可能降低成本，提高收入和利润. 而成本、收入和利润这些经济变量都与产品的产量或销售量 q 密切相关，它们都可看作 q 的函数，分别称为总成本函数、收入函数、利润函数，依次记为 $C(q)$，$R(q)$，$L(q)$.

总成本由固定成本 C_1 和变动成本 $C_2(q)$ 两部分组成，固定成本与产量 q 无关，变动成本随产量 q 的增加而增加，即

$$C(q)=C_1+C_2(q).$$

销售某种产品的收入 R 等于产品的单位价格 p 乘以销售量 q，则收入函数为

$$R(q)=pq.$$

销售利润 L 等于收入 R 减去成本 C，于是利润函数为

$$L(q)=R(q)-C(q).$$

【技能训练】

A 组

1. 某种品牌的电视机每台售价为 500 元时，每月可销售 2 000 台；每台售价为 450 元时，每月可多销 400 台. 试求该品牌电视机的线性需求函数.

2. 当鸡蛋收购价为 4.5 元/kg 时，某收购站每月能收购到 5 000 kg；若收购价提高 0.1 元/kg，则收购量可增加 400 kg. 求鸡蛋的线性供给函数.

3. 某玩具厂每天生产 60 个玩具的成本为 300 元，每天生产 80 个玩具的成本为 340 元.（1）求其线性成本函数；（2）问每天的固定成本和生产一个玩具的可变成本各为多少？

4. 某手表厂生产一只手表的可变成本为 15 元，每天的固定成本为 2 000 元. 如果每只手表的出厂价为 20 元，为了不亏本，该厂每天至少应生产多少只手表？

B 组

1. 已知某商品的需求函数和供给函数分别为

$$q=14.5-1.5p, s=-7.5+4p,$$

求该商品的均衡价格 p_0.

2. 某厂生产产品 1 000 t，定价为 130 元/t，当售出量不超过 700 t 时，按原定价出售，超过 700 t 的部分按原价的九折出售，试将销售收入表示成销售量的函数.

1.4 函数的极限

【基本要求】

1. 理解数列的极限和函数的极限的概念.

2. 理解函数 $f(x)$ 在点 $x=x_0$ 处有定义与存在极限两者之间的关系.

3. 理解无穷小量和无穷大量的定义.

【帮你读书】

函数极限的分类：

$$
\begin{cases}
x\to\infty\begin{cases}x\to+\infty（单侧）\\ x\to-\infty（单侧）\\ x\to\infty（双侧）\end{cases}\\
x\to x_0\begin{cases}x\to x_0^+（单侧，右极限）\\ x\to x_0^-（单侧，左极限）\\ x\to x_0（双侧）\end{cases}
\end{cases}
$$

【疑难解惑】

Q：什么是数列的极限？

A：所谓数列的极限，就是讨论数列$\{y_n\}$的通项 y_n 当 n 无限增大时的变化趋势，特别地，讨论是否有趋向于某个固定常数的变化趋势.

设数列$\{y_n\}$：

$$y_1,y_2,y_3,\cdots,y_n,\cdots,$$

若当 n 无限增大时，y_n 趋向于常数 A，则称数列$\{y_n\}$以 A 为极限，记作

$$\lim_{n\to\infty}y_n=A \text{ 或 } y_n\to A(n\to\infty).$$

前式读作“当 n 趋于无穷大时，y_n的极限等于 A”；后式读作“当 n 趋于无穷大时，y_n 趋于 A”.

有极限的数列称为收敛数列. 没有极限的数列称为发散数列.

Q：能举一个数列极限的例子吗？

A：例如，数列$\left\{1+\dfrac{1}{n}\right\}$：

$$1+\frac{1}{1},1+\frac{1}{2},1+\frac{1}{3},\cdots,1+\frac{1}{n},\cdots,$$

当 n 无限增大时，由于$\dfrac{1}{n}$无限接近于数 0，所以 $y_n=1+\dfrac{1}{n}$无限接近于数 1. 因此，数列$\left\{1+\dfrac{1}{n}\right\}$以 1 为极限，即

$$\lim_{n\to\infty}\left(1+\frac{1}{n}\right)=1.$$

又如，数列$\{2n\}$：

$$2,4,6,\cdots,2n,\cdots,$$

当 n 无限增大时，$y_n=2n$ 也无限增大，它不趋于任何常数，故该数列没有极限.

Q：函数 $f(x)$ 在点 $x=x_0$ 处有定义与存在极限两者之间有什么关系？

A：没有必然关系. 例如，$f(x)=x+1$ 在 $x=1$ 处有定义，并存在极限；$f(x)=\dfrac{x^2-1}{x-1}$ 在 $x=1$ 处无定义，但存在极限；$f(x)=\begin{cases}x-1, & x\leqslant 0,\\ x+1, & x>0\end{cases}$ 在 $x=0$ 处有定义，但不存在极限；$f(x)=\dfrac{1}{x}$ 在 $x=0$ 处既无定义，也不存在极限.

Q：左、右极限与函数的极限存在密切的关系. 什么情况下，需要用左、右极限来研究函数的极限？

A：当函数 $f(x)$ 在点 $x=x_0$ 的两侧变化趋势可能不一致时，需要用单侧极限，即左、右极限来研究函数的极限. 例如，一般对分段函数在分段点处的极限要用左、右极限去研究.

Q：无穷小是绝对值比零大但比任意正数小的数？无穷大是绝对值比任何正数都大的数？

A：都不对. 无穷小是以 0 为极限的变量，不是固定的数，0 是唯一可以看作无穷小的常量. 同样，无穷大是一个绝对值能大于任何正数的变量而不是一个数.

Q：为什么说初等函数在它的定义区间上连续，而不说在定义域上连续？

A：初等函数在其定义域的某些点上不一定连续，因为初等函数的定义域不仅有定义区间，而且可能含有孤点，对于孤点讨论连续性是没有意义的. 例如，函数 $y=\sqrt{\cos^2 x-1}$ 的定义域上有孤点 $x=k\pi,k\in\mathbf{Z}$，显然它在定义域上是不连续的.

Q：函数的定义域中是否只有间断点和连续点？

A：不一定. 函数的定义域中除间断点和连续点之外，还有孤点，如 $y=\sqrt{\cos^2 x-1}$ 的定义域中就有孤点 $x=k\pi,k\in\mathbf{Z}$.

【技能训练】

A 组

1. 考察数列$\left\{\left(1+\frac{1}{n}\right)^{n}\right\}$的极限.

2. 求$\lim\limits_{x\to-\infty} e^{x}$，$\lim\limits_{x\to+\infty} e^{x}$.

3. 设函数 $f(x)=\frac{x^{2}-1}{x-1}$,试讨论当 $x\to1$ 时,函数 $f(x)$的变化情况.

4. 设函数 $f(x)=\frac{|x|}{x}$，试讨论极限 $\lim\limits_{x\to 0^-}f(x)$，$\lim\limits_{x\to 0^+}f(x)$ 和 $\lim\limits_{x\to 0}f(x)$ 是否存在.

5. 考察当 $x\to 0^+$ 时，$y=\ln x$ 的极限是否存在.

6. 求 $\lim\limits_{x\to 0}x^2\sin\frac{1}{x}$.

7. 试指出下列函数在自变量怎样的变化过程中是无穷小量，又在自变量怎样的变化过程中是无穷大量：

(1) $y=\dfrac{1}{x-1}$；　　(2) $y=4x-1$；　　(3) $y=\ln x$.

B 组

1. 选择题：

(1) 设 $f(x)=\dfrac{|x-1|}{x-1}$，则 $\lim\limits_{x\to 1}f(x)=$(　　).

(A) 1　　(B) -1　　(C) 不存在　　(D) 0

(2) $\lim\limits_{x\to 1}e^{\frac{1}{x-1}}=$(　　).

(A) 1　　(B) 不存在

(C) ∞　　(D) 0

(3) 函数 $f(x)=\dfrac{x^2-4}{x(x-2)}$ 在(　　)的变化过程中为无穷大量.

(A) $x\to 0$　　(B) $x\to 2$　　(C) $x\to +\infty$　　(D) $x\to -\infty$

(4) 如果 $f(x)=\begin{cases}\sqrt{x}, & x\geqslant 0,\\ x+1, & x<0,\end{cases}$ 那么 $\lim\limits_{x\to 0}f(x)=$(　　).

(A) 0　　(B) 1　　(C) 0 或 1　　(D) 不存在

(5) 设 $\alpha(x)$ 与 $\beta(x)$ 都为 $x\to 0$ 时的无穷小量，且 $\lim\limits_{x\to 0}\dfrac{\alpha(x)}{\beta(x)}=1$，则(　　).

(A) 当 $x\to 0$ 时，$\beta(x)$ 是比 $\alpha(x)$ 高阶的无穷小量

(B) 当 $x\to 0$ 时，$\beta(x)$ 是比 $\alpha(x)$ 低阶的无穷小量

(C) 当 $x\to 0$ 时，$\beta(x)$ 是与 $\alpha(x)$ 同阶的无穷小量

(D) 当 $x\to 0$ 时，$\beta(x)$ 与 $\alpha(x)$ 是等价无穷小量

(6) 当 $x \to 0$ 时，与 $\sqrt{1+x}-\sqrt{1-x}$ 等价的无穷小量是(　　).

(A) $2x^2$　　(B) $2x$　　(C) x^2　　(D) x

2. 填空题：

(1) “一尺之棰，日取其半，万世不竭”这句话体现了__________的数学思想.

(2) 已知函数 $f(x)=\begin{cases} x^2, & 0 \leqslant x \leqslant 1, \\ 2-x, & 1 < x \leqslant 2, \end{cases}$ 则 $\lim\limits_{x \to 1} f(x)=$__________.

1.5 极限的运算

【基本要求】

1. 掌握极限的四则运算法则.
2. 理解两个重要极限.
3. 会运用两个重要极限求极限.

【帮你读书】

极限方法的选择：

$$\text{四则运算法则}\begin{cases} \text{分母极限为 } 0 \begin{cases} \text{分子极限} = 0\text{(约去无穷小公因式法)} \\ \text{分子极限} \neq 0\text{(无穷小与无穷大的倒数关系)} \end{cases} \\ \text{分母极限为} \infty \begin{cases} \text{分子为有界函数(有界函数与无穷小的乘积仍然是无穷小)} \\ \dfrac{\infty}{\infty}\text{(取最大项法)} \end{cases} \end{cases}$$

【疑难解惑】

Q：极限的四则运算法则是怎样规定的？

A：若极限 $\lim f(x)$ 与极限 $\lim g(x)$ 都存在，则函数 $f(x)\pm g(x)$，$f(x)\cdot g(x)$，$\frac{f(x)}{g(x)}(\lim g(x)\neq 0)$ 的极限也存在，且

(1) $\lim[f(x)\pm g(x)]=\lim f(x)\pm\lim g(x)$；

(2) $\lim[f(x)\cdot g(x)]=\lim f(x)\cdot\lim g(x)$；

(3) $\lim\frac{f(x)}{g(x)}=\frac{\lim f(x)}{\lim g(x)}(\lim g(x)\neq 0)$.

上述运算法则中省略了自变量 x 的变化趋势，不难将极限运算法则推广到有限多个函数的代数和及乘法的情况.

特别地，设 $\lim f(x)$ 存在，C 为常数，n 为正整数，则有

(1) $\lim[C\cdot f(x)]=C\cdot\lim f(x)$；

(2) $\lim[f(x)]^n=[\lim f(x)]^n$.

求有理函数(即两个多项式之商)的极限，应先求分母极限，如果分母极限不为零，直接利用商的极限法则便可. 如果分母极限为零，再观察分子极限. 如果分子极限不为零，利用求原有理函数倒数的极限，再利用无穷小量与无穷大量的倒数关系，便可求得；如果分子极限也为零，再看分子、分母有无公因式，约去使得分子、分母为零的因式后，利用商的极限法则便可得.

Q：求极限的时候要注意哪些地方？

A：(1) 运用极限法则时，必须注意只有各项极限存在(对于商，还要求分母极限不为零)才能适用；

(2) 如果所求极限呈现 $\frac{0}{0}$，$\frac{\infty}{\infty}$ 等形式，不能直接用极限法则，必须先对原式进行恒等变形(约分、通分、有理化、变量代换等)，然后再求极限；

(3) 利用无穷小量的运算性质求极限.

Q：两个重要极限是哪两个？

A：(1) $\lim\limits_{x\to 0}\frac{\sin x}{x}=1$.

关于该极限，我们不作理论推导，只要求会利用它进行极限的计算.

(2) $\lim\limits_{x\to\infty}\left(1+\frac{1}{x}\right)^x=\mathrm{e}$.

如果令 $\frac{1}{x}=\alpha$，当 $x\to\infty$ 时，$\alpha\to 0$，公式还可以写成 $\lim\limits_{\alpha\to 0}(1+\alpha)^{\frac{1}{\alpha}}=\mathrm{e}$. 同样，对

这个公式,我们也不作理论推导,只要求会用它进行极限的计算.

一般地,可以有下面的结论:$\lim\limits_{x\to\infty}\left(1+\dfrac{a}{x}\right)^{bx+c}=e^{ab}$.

【技能训练】

A 组

1. 选择题:

(1) $\lim\limits_{x\to+\infty} e^{-x}\sin x=$( ).

(A) 0 (B) 1 (C) ∞ (D) 不存在

(2) 函数 $f(x)=x\sin\dfrac{1}{x}$在点 $x=0$ 处( ).

(A) 有定义且有极限 (B) 无定义但有极限

(C) 有定义但无极限 (D) 既无定义又无极限

(3) $\lim\limits_{x\to 0}(1-x)^{2-\frac{1}{x}}=$( ).

(A) 1 (B) e (C) e^{-1} (D) e^2

2. 填空题:

(1) 设 $f(x)=x\sin\dfrac{1}{x}$,$g(x)=\dfrac{\sin x}{x}$.求:

$\lim\limits_{x\to 0}f(x)=$__________;$\lim\limits_{x\to\infty}f(x)=$__________.

$\lim\limits_{x\to 0}g(x)=$__________;$\lim\limits_{x\to\infty}g(x)=$__________.

(2) $\lim\limits_{x\to 1}\dfrac{x^2+x-2}{x^2-1}=$__________.

(3) 设 $f(x-1)=x^2+2x-1$,则$\lim\limits_{x\to 0}f(x)=$__________.

3. 求下列极限:

(1) $\lim\limits_{x\to 2}(4x^2-3x+7)$; (2) $\lim\limits_{x\to 1}\dfrac{x^3-1}{x-1}$;

(3) $\lim\limits_{x\to 0}\dfrac{(x^2+x+1)(x-5)}{x^2+1}$；

(4) $\lim\limits_{x\to 1}\dfrac{x^2-1}{x^2-3x+2}$；

(5) $\lim\limits_{x\to 0}\dfrac{\sin 3x}{\sin x}$；

(6) $\lim\limits_{x\to\infty}\left(1+\dfrac{2}{x}\right)^x$；

(7) $\lim\limits_{x\to\infty}\left(\dfrac{2x+3}{2x+5}\right)^{x+1}$；

(8) $\lim\limits_{x\to -2}\dfrac{x^3+8}{x+2}$；

(9) $\lim\limits_{x\to 0}\dfrac{\sqrt{x+1}-1}{x}$；

(10) $\lim\limits_{x\to 0}\dfrac{\tan 3x}{x}$；

(11) $\lim\limits_{x\to\infty}\left(1-\dfrac{3}{x}\right)^{x}$；

(12) $\lim\limits_{x\to1}\dfrac{x^{4}-1}{x^{3}-1}$；

(13) $\lim\limits_{x\to0}\dfrac{1-\cos x^{2}}{x^{2}}$；

(14) $\lim\limits_{x\to0}\left(\dfrac{1}{\sin x}-\dfrac{1}{\tan x}\right)$.

B 组

1. 选择题：

(1) 以下结论正确的是(　　).

(A) $\lim\limits_{x\to0}\dfrac{\tan 5x}{x}=5$

(B) $\lim\limits_{x\to0}x^{2}\sin\dfrac{1}{x^{2}}=1$

(C) $\lim\limits_{x\to\infty}\dfrac{\sin x}{x}=1$

(D) $\lim\limits_{x\to0}\dfrac{\sin x-\tan x}{\sin^{3}x}=0$

(2) 下列各式正确的是(　　).

(A) $\lim\limits_{x\to\infty}\left(1+\dfrac{1}{x}\right)^{x+1}=\mathrm{e}$

(B) $\lim\limits_{x\to\infty}\left(1+\dfrac{1}{x}\right)^{x+1}=1$

(C) $\lim\limits_{x\to\infty}\dfrac{\sin x}{x}=1$

(D) $\lim\limits_{x\to0}\dfrac{\sin x}{x}=\mathrm{e}$

(3) $\lim\limits_{x\to-1}(x+2)^{\frac{1}{x+1}}=$(　　).

(A) 1　　(B) e　　(C) $\dfrac{1}{\mathrm{e}}$　　(D) ∞

2. 填空题：

(1) $\lim\limits_{x \to 0}\dfrac{\sin 3x}{x}=$__________.

(2) $\lim\limits_{t \to 0}(1+t)^{\frac{2}{t}}=$__________.

(3) 已知 a,b 为常数，$\lim\limits_{n \to \infty}\dfrac{an^2+bn+1}{2n+3}=4$，则 $a=$__________，$b=$__________.

3. 求下列极限：

(1) $\lim\limits_{x \to 1}\dfrac{x^3-1}{x^2-1}$；

(2) $\lim\limits_{x \to 0}\dfrac{(2x^2+3x+1)(7x-3)}{4x^2+1}$；

(3) $\lim\limits_{x \to -1}(x+2)^{\frac{1}{x+1}}$；

(4) $\lim\limits_{x \to 0}\left(x \cdot \sin\dfrac{1}{x}+x \cdot \dfrac{1}{\sin x}\right)$；

(5) $\lim\limits_{x \to 0}\dfrac{x-\sin x}{x+\sin x}$；

(6) $\lim\limits_{x \to \infty}\left(1+\dfrac{5}{x}\right)^{-x}$；

(7) $\lim\limits_{x\to+\infty} e^{-x}\cos x$;

(8) $\lim\limits_{\Delta x\to 0}\dfrac{\sqrt{x+\Delta x}-\sqrt{x}}{\Delta x}$;

(9) $\lim\limits_{x\to\infty}\left(\dfrac{3x-1}{3x+1}\right)^{2x}$;

(10) $\lim\limits_{x\to\infty}(\sqrt{x^2+2}-\sqrt{x^2-2})$;

(11) $\lim\limits_{x\to 0}\dfrac{\sqrt{x^2+1}-1}{\sin^2 x}$;

(12) $\lim\limits_{x\to 2}\dfrac{x^3-8}{x^2-4}$;

(13) $\lim\limits_{x\to\infty}\left(\dfrac{x}{x+1}\right)^{x}$;

(14) $\lim\limits_{x\to 0}\dfrac{1-\cos x}{x\tan x}$.

1.6　函数的连续性

【基本要求】

1. 掌握函数的增量的定义.
2. 掌握函数的连续性的两种定义形式.
3. 理解函数的连续性定义中包含的三个条件.
4. 了解函数左连续、右连续的定义及它们与连续性的关系.

【帮你读书】

- 间断点
  - 第一类间断点（左、右极限都存在）
    - 跳跃间断点（左极限≠右极限）
    - 可去间断点（左极限＝右极限）
  - 第二类间断点（左、右极限至少有一个不存在）
    - 振荡间断点
    - 无穷间断点

【疑难解惑】

Q：什么是函数的增量？

A：设函数 $y=f(x)$在点 x_0 的附近有定义，给自变量 x 在点 x_0 处一个增量 Δx，当自变量 x 变到 $x_0+\Delta x$ 时，相应的函数 y 由 $f(x_0)$变到 $f(x_0+\Delta x)$，因此函数 y 相应的增量为

$$\Delta y=f(x_0+\Delta x)-f(x_0).$$

其几何意义如图 1.1 和图 1.2 所示.

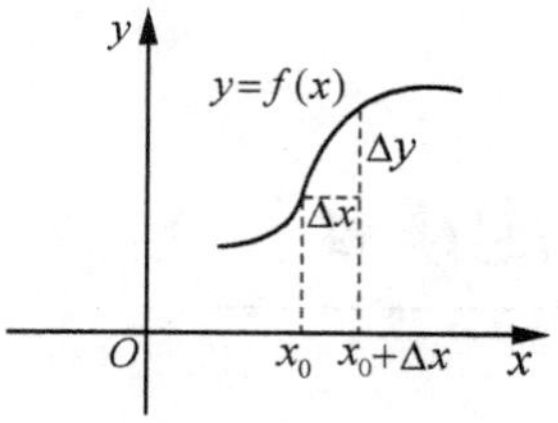

图 1.1

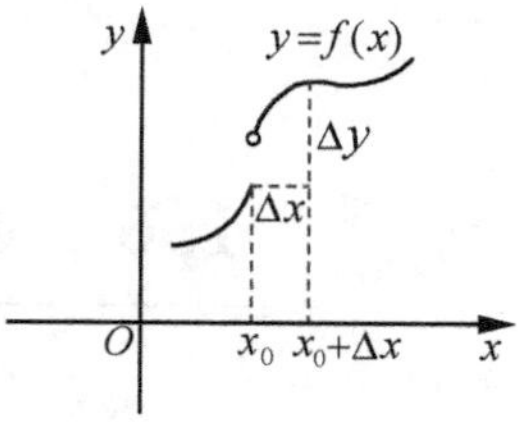

图 1.2

Q：什么是函数连续性定义的增量形式？

A：设函数 $y=f(x)$在点 x_0 的附近有定义，如果当自变量的增量 $\Delta x=x-x_0$ 趋于零时，对应的函数的增量也趋于零，即

$$\lim_{\Delta x\to 0}\Delta y=\lim_{\Delta x\to 0}[f(x_0+\Delta x)-f(x_0)]=0,$$

则称函数 $y=f(x)$在点 x_0 处连续.

Q：什么是函数连续性定义的函数形式？

A：设函数 $y=f(x)$在点 x_0 的附近有定义，如果有

$$\lim_{x\to x_0}f(x)=f(x_0),$$

则称函数 $y=f(x)$在点 x_0 处连续.

Q：什么是函数的左连续和右连续，它们与函数的连续性有什么关系？

A：若函数 $y=f(x)$在点 x_0 处有

$$\lim_{x\to x_0^-}f(x)=f(x_0)\text{或}\lim_{x\to x_0^+}f(x)=f(x_0),$$

则分别称函数 $y=f(x)$在点 x_0 处左连续或右连续.

可见，函数 $y=f(x)$在点 x_0 处连续的充要条件是函数 $y=f(x)$在点 x_0 处左连续且右连续.

以上定义表明，函数在某点连续含有三层意思：

(1) 函数在该点的附近有定义；

(2) 函数在该点的极限存在；

(3) 函数在该点的极限值等于该点处的函数值.

Q：什么样的点称为函数的间断点？

A：设函数 $f(x)$在点 x_0 的附近(x_0 可除外)有定义，如果函数 $f(x)$有下列三种情形之一：

(1) 在 $x=x_0$ 处没有定义；

(2) 虽在 $x=x_0$ 处有定义，但 $\lim\limits_{x\to x_0}f(x)$ 不存在；

(3) 虽在 $x=x_0$ 处有定义，且 $\lim\limits_{x\to x_0}f(x)$ 存在，但 $\lim\limits_{x\to x_0}f(x)\neq f(x_0)$.

则函数 $f(x)$ 在点 x_0 处不连续，且点 x_0 称为函数 $f(x)$ 的不连续点或间断点.

Q：闭区间上的连续函数有什么性质？

A：(最大、最小值定理)　若函数 $f(x)$ 在闭区间 $[a,b]$ 上连续，则 $f(x)$ 在 $[a,b]$ 上有最大值与最小值. 例如，在图 1.3 中，$f(x)$ 在闭区间 $[a,b]$ 上连续，在点 x_1 处取得最大值 M，在点 x_2 处取得最小值 m.

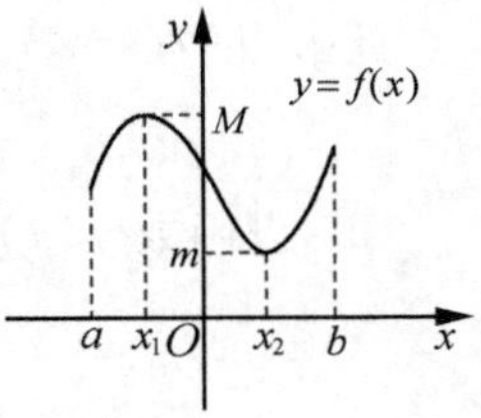

图 1.3

推论(有界性定理)　若函数 $f(x)$ 在闭区间 $[a,b]$ 上连续，则 $f(x)$ 在 $[a,b]$ 上有界.

【技能训练】

A 组

1. 选择题：

(1) 已知函数 $f(x)$ 在点 x_0 处连续，则 $\lim\limits_{x\to x_0}f(x)=($　　$)$.

(A) x_0　　(B) $f(x)$　　(C) $f(x_0)$　　(D) $f'(x)$

(2) 函数 $f(x)$ 在点 x_0 处连续是 $\lim\limits_{x\to x_0}f(x)$ 存在的(　　).

(A) 必要不充分条件　　(B) 充分不必要条件

(C) 充要条件　　(D) 以上都不对

(3) 设函数 $f(x)=\begin{cases}\dfrac{\sin 2x}{x}, & x\neq 0,\\ a, & x=0\end{cases}$ 在 $x=0$ 处连续，则 $a=($　　$)$.

(A) -1　　(B) 1　　(C) 2　　(D) 3

(4) 函数 $f(x)=\dfrac{x-2}{x^3-x^2-2x}$ 的间断点是(　　).

(A) $x=0,x=-1$　　(B) $x=0,x=-1,x=2$

(C) $x=0,x=2$　　(D) $x=1,x=2$

(5) 函数 $f(x)=\dfrac{x-3}{x^3-2x^2-3x}$ 的间断点是(　　).

(A) $x=0, x=-1$　　(B) $x=0, x=-1, x=3$

(C) $x=0, x=3$　　(D) $x=1, x=3$

(6) 若 $\lim\limits_{x\to x_0^+} f(x)=\lim\limits_{x\to x_0^-} f(x)=A$，则下列说法正确的是(　　).

(A) $f(x)$在点 x_0 处有定义　　(B) $f(x)$在点 x_0 处连续

(C) $f(x_0)=A$　　(D) $\lim\limits_{x\to x_0} f(x)=A$

2. 设函数 $f(x)=\begin{cases}\dfrac{\sin 2x}{x}, & x\neq 0,\\ b+x, & x=0\end{cases}$ 在 $x=0$ 处连续，求 b 的值.

B 组

1. 选择题：

(1) 设函数 $f(x)=\begin{cases}\dfrac{\sin 3x}{x}, & x\neq 0,\\ a, & x=0\end{cases}$ 在 $x=0$ 处连续，则 $a=$(　　).

(A) -1　　(B) 1　　(C) 2　　(D) 3

(2) 若 $f(x)=e^{\frac{x}{1-x}}$，则 $x=1$ 是 $f(x)$的(　　).

(A) 连续点　　(B) 跳跃间断点

(C) 可去间断点　　(D) 无穷间断点

(3) $x=-2$ 是函数 $f(x)=\dfrac{x^2-4}{x+2}$的(　　).

(A) 无穷间断点　　(B) 跳跃间断点

(C) 第二类间断点　　　　　　(D) 可去间断点

(4) 若函数 $y=f(x)$在闭区间$[a,b]$上连续,则下列说法错误的是(　　).

(A) $f(x)$在$[a,b]$上一定存在最大值和最小值

(B) 至少存在一个 $c\in(a,b)$,使得 $f(c)=0$

(C) $f(x)$取得介于其在$[a,b]$上的最大值和最小值间的任何值

(D) $f(x)$在$[a,b]$上有界

2. 填空题:

(1) 如果函数 $y=f(x)$在点 x_0 处连续,那么极限$\lim\limits_{x\to x_0}[f(x)-f(x_0)]=$ ________.

(2) 函数 $y=\dfrac{-x}{|x|}$的间断点为 $x=$ ________.

3. 设函数 $f(x)=\begin{cases} e^x, & x<0, \\ x+a, & x\geqslant 0, \end{cases}$ 问 a 取何值时函数 $f(x)$在 $x=0$ 处连续?

自测题

（90 分钟内完成）

一、选择题

1. 函数 $\sin\left(2x+\frac{\pi}{3}\right)$的周期是（　　）.

(A) 4π　　(B) 2π　　(C) π　　(D) $\frac{\pi}{2}$

2. 若 $\lim\limits_{x\to x_0^+}f(x)=\lim\limits_{x\to x_0^-}f(x)=A$，则下列说法正确的是（　　）.

(A) $f(x)$在点 x_0 处有定义　　(B) $f(x)$在点 x_0 处连续

(C) $f(x_0)=A$　　(D) $\lim\limits_{x\to x_0}f(x)=A$

3. 函数 $f(x)=\frac{x^2-8}{x(x-3)}$在（　　）的变化过程中为无穷大量.

(A) $x\to0$　　(B) $x\to3$

(C) $x\to+\infty$　　(D) $x\to-\infty$

4. 函数 $f(x)=x\sin\frac{1}{x}$在点 $x=0$ 处（　　）.

(A) 有定义且有极限　　(B) 无定义但有极限

(C) 有定义但无极限　　(D) 既无定义又无极限

5. 如果 $f(x)=\begin{cases}\sin x, & x\geqslant0,\\ x+1, & x<0,\end{cases}$那么$\lim\limits_{x\to0}f(x)$是（　　）.

(A) 0　　(B) 1

(C) 0 或 1　　(D) 不存在

6. $\lim\limits_{x\to0}(1-x)^{2-\frac{1}{x}}=$（　　）.

(A) 1　　(B) e　　(C) e^{-1}　　(D) e^2

7. $\lim\limits_{x\to0}\frac{e^{-x^2}-1}{\sin^2x}=$（　　）.

(A) 0　　(B) 1　　(C) ∞　　(D) -1

8. 当 $x \to 0$ 时，与 $\sqrt[3]{1+x}-1$ 等价的无穷小量是(　　).

(A) $\frac{\sqrt{3}}{3}x$　　(B) $\sqrt{3}x$　　(C) $3x$　　(D) $\frac{1}{3}x$

二、填空题

1. 函数 $y=\ln\sin^2 x$ 的复合过程为____________________.

2. 已知 a,b 为常数，$\lim\limits_{n\to\infty}\frac{an^2+bn+1}{2n+3}=4$，则 $a=$__________，$b=$__________.

3. 如果函数 $y=f(x)$ 在点 x_0 处连续，那么极限 $\lim\limits_{x\to x_0}[f(x)-f(x_0)]=$__________.

4. 设 $f(x-1)=x^2+2x-1$，则 $\lim\limits_{x\to 0}f(x)=$__________.

5. $\lim\limits_{x\to 0}\frac{\sin 2x}{x}=$__________.

三、解答题

1. 求极限：

(1) $\lim\limits_{x\to\sqrt{3}}\frac{x^2-3}{x^2+1}$；　　(2) $\lim\limits_{\Delta x\to 0}\frac{\sqrt{x+3\Delta x}-\sqrt{x}}{\Delta x}$；

(3) $\lim\limits_{x\to 0}\frac{\sin x}{x^3+3x}$；　　(4) $\lim\limits_{x\to\infty}\frac{x^k+1}{x^2+x+1}$（$k$ 为常数）；

(5) $\lim\limits_{x\to\infty}\left(1-\dfrac{1}{x}\right)^{kx}$（$k$ 为正整数）；　(6) $\lim\limits_{x\to 0}\dfrac{x-\sin x}{x+\sin x}$.

2. 设函数 $f(x)=\begin{cases}\dfrac{\sin 2x}{x}, & x\neq 0,\\ b+x, & x=0\end{cases}$ 在 $x=0$ 处连续，求 b 的值.

3. 证明方程 $x=a\sin x+b$（其中 $a>0,b>0$）至少有一个正根，并且它不超过 $a+b$.

第 2 章　导数与微分

2.1　导数的概念

【帮你读书】

1. 导数定义的两种形式：

(1) 增量形式：$\lim\limits_{\Delta x\to 0}\dfrac{\Delta y}{\Delta x}=\lim\limits_{\Delta x\to 0}\dfrac{f(x_0+\Delta x)-f(x_0)}{\Delta x}=f'(x_0)$.

(2) 函数形式：$\lim\limits_{x\to x_0}\dfrac{f(x)-f(x_0)}{x-x_0}=f'(x_0)$.

形象记忆：$\lim\limits_{动\to 定}\dfrac{f(动)-f(定)}{动-定}=f'(定)$.

2. 导数的几何意义是曲线在这一点处切线的斜率.

【疑难解惑】

Q：什么是导数的定义？

A：设函数 $y=f(x)$在点 x_0 的附近有定义，若在点 x_0 处的函数增量 Δy 与自变量增量 Δx 之比的极限存在，即

$$\lim_{\Delta x\to 0}\frac{\Delta y}{\Delta x}=\lim_{\Delta x\to 0}\frac{f(x_0+\Delta x)-f(x_0)}{\Delta x}$$

存在，则称此极限值为函数 $y=f(x)$ 在点 x_0 处的导数，记作

$$f'(x_0),\ y'\Big|_{x=x_0} \text{或} \frac{\mathrm{d}y}{\mathrm{d}x}\Big|_{x=x_0}.$$

若上述极限存在，则称函数 $f(x)$ 在点 x_0 处可导，否则称函数 $f(x)$ 在点 x_0 处不可导.

Q：如何根据导数的定义求导数？

A：根据导数的定义，求函数 $y=f(x)$ 在点 x_0 处的导数的步骤如下：

第一步　求函数的改变量 $\Delta y=f(x_0+\Delta x)-f(x_0)$；

第二步　求比值 $\dfrac{\Delta y}{\Delta x}=\dfrac{f(x_0+\Delta x)-f(x_0)}{\Delta x}$；

第三步　求极限 $f'(x_0)=\lim\limits_{x\to x_0}\dfrac{\Delta y}{\Delta x}$.

Q：有哪些常见的导数？

A：1. $(C)'=0$，C 为常数.

2. $(x^t)'=tx^{t-1}$.

3. $(\sin x)'=\cos x$，$(\cos x)'=-\sin x$.

4. $(a^x)'=a^x\ln a$，特别地，$(\mathrm{e}^x)'=\mathrm{e}^x$.

5. $(\log_a x)'=\dfrac{1}{x\ln a}$，特别地，$(\ln x)'=\dfrac{1}{x}$.

Q：可导一定连续吗？

A：一定.

Q：连续一定可导吗？

A：不一定. 例如，函数 $y=\sqrt[3]{x}$ 在点 $x=0$ 处连续，但不可导. 因为

$$\lim_{\Delta x\to 0}\Delta y=\lim_{\Delta x\to 0}(\sqrt[3]{0+\Delta x}-\sqrt[3]{0})=\lim_{\Delta x\to 0}\sqrt[3]{\Delta x}=0,$$

$$\lim_{\Delta x\to 0}\frac{\Delta y}{\Delta x}=\lim_{\Delta x\to 0}\frac{\sqrt[3]{\Delta x}}{\Delta x}=\lim_{\Delta x\to 0}\frac{1}{\sqrt[3]{(\Delta x)^2}}=\infty,$$

所以，在 $x=0$ 处，函数 $y=\sqrt[3]{x}$ 连续，但不可导.

再例如，$y=|x|$ 在 $x=0$ 处连续，但不可导. 因为

$$\lim_{\Delta x \to 0}\Delta y=\lim_{\Delta x \to 0}(|\Delta x|-0)=\lim_{\Delta x \to 0}|\Delta x|=0,$$

$$\lim_{\Delta x \to 0^+}\frac{f(0+\Delta x)-f(0)}{\Delta x}=\lim_{\Delta x \to 0^+}\frac{|\Delta x|}{\Delta x}=\lim_{\Delta x \to 0^+}\frac{\Delta x}{\Delta x}=1,$$

$$\lim_{\Delta x \to 0^-}\frac{f(0+\Delta x)-f(0)}{\Delta x}=\lim_{\Delta x \to 0^-}\frac{|\Delta x|}{\Delta x}=\lim_{\Delta x \to 0^-}\frac{-\Delta x}{\Delta x}=-1,$$

所以左、右极限不相等，故函数 $y=f(x)$ 在 $x=0$ 处连续，但不可导.

【技能训练】

A 组

1. 选择题：

(1) 设 $f(x)$ 在点 x_0 处可导，且 $f(x_0)=3$，则 $\lim\limits_{x \to x_0} f(x)=$(　　).

(A) x_0　　(B) 3　　(C) $f'(x_0)$　　(D) 不存在

(2) 若函数 $f(x)$ 在点 $x=a$ 处连续，则下列说法正确的是(　　).

(A) 函数 $f(x)$ 在点 $x=a$ 处可导

(B) 函数 $f(x)$ 在点 $x=a$ 处不可导

(C) 函数 $f(x)$ 在点 $x=a$ 处不一定可导

(D) $\lim\limits_{x \to a}\dfrac{f(x)-f(a)}{x-a}$ 不存在

(3) 设函数 $f(x)$ 在点 x_0 处可导，且 $f(x_0)=1$，则 $\lim\limits_{x \to x_0} f(x)=$(　　).

(A) 1　　(B) $-f(x_0)$

(C) $f'(x_0)$　　(D) 不存在

(4) 若直线 l 与 x 轴平行，且与曲线 $y=2x-e^x$ 相切，则切点坐标为(　　).

(A) $(0,-1)$　　(B) $(\ln 2, 2\ln 2-2)$

(C) $(0,1)$　　(D) $(-1,1)$

(5) 曲线 $y=x^{\frac{1}{3}}$ 在点 $(0,0)$ 处的切线方程为(　　).

(A) 不存在　　(B) $y=0$

(C) $y=\dfrac{1}{3}x^{\frac{1}{3}}$　　(D) $x=0$

(6) $f(x)$在 $x=x_0$ 处连续是 $f(x)$在 $x=x_0$ 处可导的(　　).

(A) 充分而非必要条件　　(B) 必要而非充分条件

(C) 充分且必要条件　　(D) 既非充分又非必要条件

2. 填空题:

(1) 若 $f'(x_0)=2$,则曲线 $y=f(x)$在点 x_0 处的切线方程为________________,法线方程为____________.

(2) 曲线 $y=x^2-1$ 在点(1,0)处的法线的斜率为__________.

B 组

1. 选择题:

(1) 设 $f(x)$在点 x_0 处可导,则 $\lim\limits_{a\to 0}\dfrac{f(x_0-2a)-f(x_0)}{a}=$(　　).

(A) $f'(x_0)$　　(B) $-2f'(x_0)$

(C) $\dfrac{1}{2}f'(x_0)$　　(D) $-f'(x_0)$

(2) 使 $f(x)=\begin{cases} e^x, & x\leqslant 0, \\ a+bx, & x>0 \end{cases}$ 在点 $x=0$ 处可导的 a,b 为(　　).

(A) $a=b=0$　　(B) $a=b=1$

(C) $a=0,b=1$　　(D) $a=1,b$ 为任意实数

(3) 曲线$\begin{cases} x=\cos t, \\ y=2\sin t \end{cases}$在 $t=\dfrac{\pi}{4}$处的切线方程是(　　).

(A) $y-\sqrt{2}=-2\left(x-\dfrac{\sqrt{2}}{2}\right)$　　(B) $y-\sqrt{2}=2\left(x-\dfrac{\sqrt{2}}{2}\right)$

(C) $y-\sqrt{2}=-\dfrac{1}{2}\left(x-\dfrac{\sqrt{2}}{2}\right)$　　(D) $y-\sqrt{2}=\dfrac{1}{2}\left(x-\dfrac{\sqrt{2}}{2}\right)$

(4) 下列说法正确的是(　　).

(A) 若 $f(x)$在 $x=x_0$ 处连续,则 $f(x)$在 $x=x_0$ 处可导

(B) 若 $f(x)$在 $x=x_0$ 处不可导,则 $f(x)$在 $x=x_0$ 处不连续

(C) 若 $f(x)$在 $x=x_0$ 处不可微,则 $f(x)$在 $x=x_0$ 处极限不存在

(D) 若 $f(x)$在 $x=x_0$ 处不连续,则 $f(x)$在 $x=x_0$ 处不可导

(5) 如果函数 $f(x)$在点 x 处可导,则 $f'(x)=$(　　).

(A) $\lim\limits_{\Delta x\to 0}\dfrac{f(x+\Delta x)-f(x)}{\Delta x}$　　(B) $\lim\limits_{\Delta x\to 0}\dfrac{f(x-\Delta x)-f(x)}{\Delta x}$

(C) $\lim\limits_{\Delta x\to 0}\dfrac{f(x+\Delta x)-f(x-\Delta x)}{\Delta x}$　　(D) $\lim\limits_{\Delta x\to 0}\dfrac{f(x-\Delta x)-f(x)}{2\Delta x}$

(6) 设 $\lim\limits_{\Delta x\to 0}\dfrac{f(x_0+\Delta x)-f(x_0)}{\Delta x}$ 存在,则它等于(　　).

(A) $f'(x_0)$　　(B) $f'(\Delta x)$

(C) $f'(x_0+\Delta x)$　　(D) 0

(7) 若直线 l 与直线 $y=2$ 平行,且与曲线 $y=e^x-x$ 相切,则切点坐标为(　　).

(A) $(1,-1)$　　(B) $(-1,1)$

(C) $(0,1)$　　(D) $(0,-1)$

2. 填空题:

(1) 已知曲线 $y=f(x)$ 在 $x=2$ 处的切线的倾斜角为 $\frac{5\pi}{6}$,则 $f'(2)=$ ________.

(2) 曲线 $y=\frac{1}{2}x^2-1$ 在点 $\left(1,-\frac{1}{2}\right)$ 处的法线方程为________.

2.2　导数的四则运算

【基本要求】

1. 理解导数的四则运算法则的使用条件.
2. 会灵活运用导数的四则运算法则求导数.

【疑难解惑】

Q：导数的四则运算法则是什么？

A：设函数 $u=u(x)$，$v=v(x)$ 在点 x 处可导，则它们的和、差、积与商在点 x 处也可导，即

(1) $(u\pm v)'=u'\pm v'$；

(2) $(uv)'=u'v+uv'$；

(3) $\left(\frac{u}{v}\right)'=\frac{u'v-uv'}{v^2}(v\neq 0)$.

推论 1 $(Cu)'=Cu'$（C 为常数）.

推论 2 $\left(\frac{1}{v}\right)'=-\frac{v'}{v^2}(v\neq 0)$.

推论 3 函数的加、减、乘的求导法则可推广到有限个可导函数的情形.

例如：$(u+v-w)'=u'+v'-w'$，

$(uvw)'=u'vw+uv'w+uvw'$.

Q：有哪些基本导数公式可以直接使用？

A：1. $(C)'=0$（C 为常数）.

2. $(x^t)'=tx^{t-1}$.

3. $(a^x)'=a^x\ln a$，$(e^x)'=e^x$.

4. $(\log_a x)'=\frac{1}{x\ln a}$，$(\ln x)'=\frac{1}{x}$.

5. $(\sin x)'=\cos x$，$(\cos x)'=-\sin x$.

6. $(\tan x)'=\sec^2 x$，$(\cot x)'=-\csc^2 x$.

7. $(\sec x)'=\sec x\tan x$，$(\csc x)'=-\csc x\cot x$.

8. $(\arcsin x)'=\frac{1}{\sqrt{1-x^2}}$，$(\arccos x)'=-\frac{1}{\sqrt{1-x^2}}$.

9. $(\arctan x)'=\frac{1}{1+x^2}$，$(\text{arccot}\, x)'=-\frac{1}{1+x^2}$.

【技能训练】

A 组

1. 设 $f(x)=3x^4-e^x+5\cos x-1$,求 $f'(x)$及 $f'(0)$.

2. 设 $y=x^2\sin x$,求 y'.

3. 设 $y=\frac{x^2-x+2}{x+3}$,求 y'.

B 组

1. 选择题:

曲线 $y=x\ln x$ 上平行于直线 $x-y+1=0$ 的切线方程是(　　).

(A) $y=-(x+1)$　　(B) $y=x-1$

(C) $y=(\ln x-1)(x-1)$　　(D) $y=x$

2. 填空题:

(1) 过曲线 $y=\frac{4+x}{4-x}$上点(2,3)处的法线的斜率为__________;

(2) 过曲线 $y=\frac{3+x}{3-x}$上点(2,5)处的法线的斜率为__________.

3. 求下列函数的一阶导数:

(1) $y=xe^x$;　　(2) $y=e^x\sin x$.

2.3 复合函数的求导法则

【基本要求】

1. 掌握复合函数的求导法则.
2. 会准确地找出复合函数中的所有简单函数.

【疑难解惑】

Q:如何对复合函数进行求导?

A：设函数 $u=\varphi(x)$ 在点 x 处可导，函数 $y=f(u)$ 在对应点 $u=\varphi(x)$ 处可导，则复合函数 $y=f[\varphi(x)]$ 在点 x 处也可导，且其导数为

$$y'_x=y'_u\cdot u'_x,\ y'_x=f'(u)\cdot\varphi'(x)\text{或}\frac{\mathrm{d}y}{\mathrm{d}x}=\frac{\mathrm{d}y}{\mathrm{d}u}\cdot\frac{\mathrm{d}u}{\mathrm{d}x}.$$

推论　设 $y=f(u),u=\varphi(v),v=\psi(x)$ 均可导，则复合函数 $y=f\{\varphi[\psi(x)]\}$ 也可导，且 $y'_x=y'_u\cdot u'_v\cdot v'_x$.

注：求复合函数的导数的关键是分析所给函数是由哪些简单函数复合而成的，选好中间变量，正确写出求导公式.

Q：哪些函数是简单函数？

A：所谓简单函数，就是指基本初等函数或者由基本初等函数经过四则运算所得到的函数.

【技能训练】

A 组

1. 求下列函数的一阶导数：

(1) $y=(2x+1)^3$；　　(2) $y=\sin^2 x$；

(3) $y=\mathrm{e}^{x+2}$；　　(4) $y=\sin 2x$；

(5) $y=\arcsin x^2$;　　(6) $y=\ln\sin\sqrt{x}$.

B 组

1. 选择题：

(1) 设 $f(x)=\sin ax^2$，则 $f'(a)$为(　　).

(A) $\cos a^3$　　(B) $2a^2\cos a^2$

(C) $x^2\cos ax^2$　　(D) $2a^2\cos a^3$

(2) 下列函数在点 $x=0$ 处导数等于零的是(　　).

(A) $y=\sin x$　　(B) $y=\cos x$

(C) $y=x$　　(D) $y=\ln(1+x)$

(3) 设 $f(x)=\arcsin^2 2x$，则 $f'(x)$为(　　).

(A) $\dfrac{2}{\sqrt{1-4x^2}}$　　(B) $\dfrac{4\arcsin 2x}{\sqrt{1-4x^2}}$

(C) $\dfrac{2\arcsin 2x}{\sqrt{1-4x^2}}$　　(D) $\dfrac{1}{\sqrt{1-x^2}}$

(4) 设 $f(u)$可导，$y=f(\ln x)$，则 $y'=$(　　).

(A) $f'(\ln x)$　　(B) $\dfrac{1}{x}f(\ln x)$

(C) $\dfrac{1}{x}f'(\ln x)$　　(D) $\dfrac{1}{x}[f(\ln x)]'$

2. 填空题：

(1) 已知函数 $y=\ln\cos x$，则 $y'\Big|_{x=\frac{\pi}{3}}=$______________.

(2) 已知函数 $y=\ln\sin^2 x$，则 $y'=$__________，$y'\Big|_{x=\frac{\pi}{6}}=$__________.

(3) 已知函数 $y=\ln\sin x$，则 $y''=$__________，$y''\Big|_{x=\frac{\pi}{6}}=$__________.

3. 求下列函数的一阶导数：

(1) $y=\ln\sin x^2$；

(2) $y=3^{-x}\cdot\cos 3x$；

(3) $y=\dfrac{\sin x}{x^{10}-1}$；

(4) $y=\ln(x+\sqrt{x^2+a^2})$；

(5) $y=\ln(x+\sqrt{x^2-a^2})$.

2.4　高阶导数

【基本要求】

1. 理解高阶导数的概念.
2. 会求函数的高阶导数.
3. 会从高阶导数中找出规律.

【疑难解惑】

Q：什么是高阶导数？

A：如果可以对函数 $f(x)$ 的导函数 $f'(x)$ 再求导，所得到的这个新函数，称为函数 $y=f(x)$ 的二阶导数，记作 $f''(x)$，y'' 或 $\frac{d^2y}{dx^2}$. 类似地，二阶导数的导数称为三阶导数，三阶导数的导数称为四阶导数，…，一般地，函数 $f(x)$ 的 $n-1$ 阶导数的导数称为函数 $y=f(x)$ 的 n 阶导数. 把 $f'(x)$ 称为 $f(x)$ 的一阶导数.

函数 $f(x)$ 的各阶导数分别记为

$y',y'',y''',y^{(4)},\cdots,y^{(n)}$；或 $f'(x),f''(x),f'''(x),f^{(4)}(x),\cdots,f^{(n)}(x)$；

$$\text{或 } \frac{dy}{dx},\frac{d^2y}{dx^2},\frac{d^3y}{dx^3},\frac{d^4y}{dx^4},\cdots,\frac{d^ny}{dx^n}.$$

二阶及二阶以上的导数统称为高阶导数. 显然，求高阶导数只需逐阶求导，求到所要求的阶数即可.

【技能训练】

A 组

1. 求函数 $y=ax^2+bx+c$ 的二阶导数.

2. 设 $y=e^x$，求 $y^{(n)}$.

3. 设 $y=\sin x$，求 $\frac{d^n y}{dx^n}$.

B 组

1. 选择题：

设 $y=e^{f(x)}$，其中 $f(x)$ 为可导函数，则 y'' 等于(　　).

(A) $e^{f(x)}$　　(B) $e^{f(x)}f''(x)$

(C) $e^{f(x)}[f'(x)+f''(x)]$　　(D) $e^{f(x)}\{[f'(x)]^2+f''(x)\}$

2. 填空题：

(1) 函数 $y=e^{\cos x}$ 的二阶导数 $y''=$________________.

(2) 设 $y=e^x\cos x$，则 $y''=$________________.

(3) 函数 $y=x^3+x^2+x+1$ 的 5 阶导数 $y^{(5)}=$________________.

(4) 已知函数 $y=xe^{2x}$，则 $y''=$________________.

(5) 已知函数 $y=xe^{3x}$，则 $y''=$________________.

(6) 已知 $y^{(n-2)}=x^2+\sin x$，则 $y^{(n)}=$________________.

2.5　微　分

【基本要求】

1. 理解函数微分和可微的概念.
2. 能正确区分函数的微分和函数的增量.
3. 会运用微分的定义求函数在某一点处的微分和增量.

【疑难解惑】

Q：是谁首先在中国引入了“微分”的概念？

A：清末李善兰与英国伟烈亚力合译《代微积拾级》十八卷，李善兰等将“Differential”译为“微分”，将“Integral”译为“积分”，沿用至今. 它们并不是无源之水，而是源于《九章算术》及《九章算术注》. 刘徽在《九章算术注》中首先使用了“微分”的概念，其本义是非常微小的分数.

Q：函数的微分是指什么？

A：设函数 $y=f(x)$ 在点 x 的附近有定义，如果函数 $f(x)$ 在点 x 处的增量 $\Delta y=f(x+\Delta x)-f(x)$ 可以表示为 $\Delta y=A\Delta x+\alpha$，其中 A 与 Δx 无关，α 是 Δx 的高阶无穷小量，则称 $A\Delta x$ 为函数 $y=f(x)$ 在点 x 处的微分，记作 $\mathrm{d}y$，即

$$\mathrm{d}y=A\Delta x.$$

这时也称函数 $y=f(x)$ 在点 x 处可微.

注意：函数 $y=f(x)$ 在点 x_0 处的微分有两个特点：

(1) $\mathrm{d}y=A\Delta x$ 是改变量 Δy 的线性部分，因此它容易计算；

(2) $\Delta y\approx \mathrm{d}y$ (当 $\Delta x\to 0$ 时).

Q：函数在某一点处可微和可导是什么关系？

A：设函数 $y=f(x)$ 在点 x 处可微，则函数 $y=f(x)$ 在点 x 处可导，且 $A=f'(x)$. 反之，如果函数 $y=f(x)$ 在点 x 处可导，则 $f(x)$ 在点 x 处可微. 所以，有

$$\mathrm{d}y=f'(x)\Delta x \text{ 或 } \mathrm{d}y=f'(x)\mathrm{d}x.$$

上述定理可叙述为：函数 $f(x)$ 在点 x 处可微的充要条件是函数 $f(x)$ 在点 x 处可导.

$\mathrm{d}y=f'(x)\mathrm{d}x$ 也可以写为 $\frac{\mathrm{d}y}{\mathrm{d}x}=f'(x)$.

由此可以得到基本初等函数的微分公式，如下：

(1) $\mathrm{d}(C)=0$(C 为常数)；

(2) $\mathrm{d}(x^t)=tx^{t-1}\mathrm{d}x$；

(3) $\mathrm{d}(a^x)=a^x\ln a\mathrm{d}x$，特别地，$\mathrm{d}(\mathrm{e}^x)=\mathrm{e}^x\mathrm{d}x$；

(4) $\mathrm{d}(\log_a x)=\frac{1}{x\ln a}\mathrm{d}x$，特别地，$\mathrm{d}(\ln x)=\frac{1}{x}\mathrm{d}x$；

(5) $d(\sin x)=\cos x dx, d(\cos x)=-\sin x dx$;

(6) $d(\tan x)=\sec^2 x dx, d(\cot x)=-\csc^2 x dx$;

(7) $d(\sec x)=\sec x\tan x dx, d(\csc x)=-\csc x\cot x dx$;

(8) $d(\arcsin x)=\frac{1}{\sqrt{1-x^2}}dx, d(\arccos x)=-\frac{1}{\sqrt{1-x^2}}dx$;

(9) $d(\arctan x)=\frac{1}{1+x^2}dx, d(\text{arccot} x)=-\frac{1}{1+x^2}dx$.

Q：在一元函数微分中，说函数在某点可导或可微的意义是完全相同的，既然这二者是等价的，为什么不“合二为一”呢？

A：部分原因在于微积分的发展中，这两个概念是在不同背景下被提出的：在求曲线切线或变速运动的瞬时速度时提出导数的概念，在类似近似计算的问题中提出微分的概念. 数学家在提出这两个概念时并不知道其等价性，它们分别在各自的应用领域内发挥着作用，只有在微积分学理论进一步完善时（微积分诞生之初作为其基础的极限理论还很不完善），才能证明二者的等价性. 这就像在古时候，中国人和英国人分别知道“鸡蛋”和“egg”这两个词是什么意思，也分别在自己的国家内使用这两个词，但直到中国人和英国人相遇时，他们才会明白鸡蛋就是 egg，egg 就是鸡蛋，即它们是等价的.

Q：微分的四则运算法则是什么？

A：设函数 u，v 可微，则

$$d(u\pm v)=du\pm dv,$$

$$d(uv)=udv+vdu,$$

$$d\left(\frac{u}{v}\right)=\frac{vdu-udv}{v^2}\ (v\neq 0).$$

推论 1　当 v 为常数 C 时，则 $d(Cu)=Cdu$.

推论 2　当 $u=1$ 时，则 $d\left(\frac{1}{v}\right)=-\frac{1}{v^2}dv$.

Q：如何求复合函数的微分？

A：设函数 $y=f(u)$，$u=\varphi(x)$ 均可微，则 $y=f[\varphi(x)]$ 也可微，且

$$dy=f'(u)\varphi'(x)dx.$$

由于 $du=\varphi'(x)dx$，所以上式可写为

$$dy=f'(u)du.$$

从上式的形式看，它与 $y=f(x)$ 的微分 $\mathrm{d}y=f'(x)\mathrm{d}x$ 形式一样，这叫**一阶微分形式不变性**，其意义是：不管 u 是自变量还是中间变量，函数 $y=f(u)$ 的微分总是 $\mathrm{d}y=f'(u)\mathrm{d}u$.

【技能训练】

A 组

1. 设 $y=x^3$，求 $x=1,\Delta x=0.1$ 时函数的增量和函数的微分.

2. 求函数 $y=\mathrm{e}^x$ 在 x 处的微分，并求当 $x=0$ 时的微分(记作 $\mathrm{d}y|_{x=0}$).

3. 求下列函数的微分：

(1) $y=3x^2-\ln x$；

(2) $y=x\cos x$；

(3) $y=\frac{\sin x}{x}$；　　　　(4) $y=\sin 2x$；

(5) $y=\arctan\sqrt{x}$.

B 组

1. 选择题：

(1) 设 $y=\arcsin x^2$，则 $dy|_{x=\frac{1}{2}}=$(　　).

(A) $\frac{4}{\sqrt{3}}dx$　　(B) $\frac{2}{\sqrt{3}}dx$　　(C) dx　　(D) 0

(2) 设 $y=\frac{e^x}{x}$，则 dy 等于(　　).

(A) $e^x\ln x dx$　　(B) $\frac{xe^x-e^x}{x^2}dx$

(C) $\frac{e^x}{x^2}dx$　　(D) $\frac{e^x-xe^x}{x^2}dx$

(3) $\frac{d}{dx}(\sqrt{1+2x})$等于(　　).

(A) $\frac{1}{2\sqrt{1+2x}}$　　(B) $-\frac{1}{2\sqrt{1+2x}}$

(C) $\frac{1}{\sqrt{1+2x}}$　　　　(D) $-\frac{1}{\sqrt{1+2x}}$

2. 填空题：

(1) 函数 $y=x^2$ 在 $x=1,\Delta x=0.01$ 时，对应的函数增量 $\Delta y=$__________，函数增量的主部 $\mathrm{d}y=$__________.

(2) 函数 $y=\mathrm{e}^{-x}$ 的微分 $\mathrm{d}y=$__________.

(3) $\mathrm{d}(\qquad\qquad)=\sec 3x\tan 3x\mathrm{d}x$，$\mathrm{d}(\sqrt{x^2+1})=(\qquad\qquad)\mathrm{d}x$.

3. 设某地的居民经济消费模型为

$$y=10+0.4x+0.01\sqrt{x},$$

其中 y 为总消费(单位:亿元)，x 为可支配收入(单位:亿元)，当 $x=100.05$ 时，问总消费是多少？

自测题

（90 分钟内完成）

一、选择题

1. 曲线 $y=\ln x$ 上某点的切线平行于直线 $y=2x-3$，则该点的坐标是（　　）.

(A) $\left(2,\ln\frac{1}{2}\right)$　　(B) $\left(2,-\ln\frac{1}{2}\right)$

(C) $\left(\frac{1}{2},-\ln 2\right)$　　(D) $\left(\frac{1}{2},\ln 2\right)$

2. 曲线 $y=x^2+x-2$ 在点 M 处的切线斜率为 3，则点 M 的坐标为（　　）.

(A) (0,1)　　(B) (1,0)　　(C) (0,0)　　(D) (1,1)

3. 设 $f(u)$ 可导，$y=f(\ln^2 x)$，则 $y'=$（　　）.

(A) $f'(\ln^2 x)$　　(B) $2\ln x f'(\ln^2 x)$

(C) $\frac{2\ln x}{x}f'(\ln^2 x)$　　(D) $\frac{2\ln x}{x}[f(\ln x)]'$

4. 设函数 $y=f(-x^2)$，则 $\mathrm{d}y=$（　　）.

(A) $xf'(-x^2)\mathrm{d}x$　　(B) $-2xf'(-x^2)\mathrm{d}x$

(C) $2f'(-x^2)\mathrm{d}x$　　(D) $2xf'(-x^2)\mathrm{d}x$

5. 设 $f(x)$ 在点 x_0 处可导，且 $f(x_0)=1$，则 $\lim\limits_{x\to x_0}f(x)=$（　　）.

(A) 1　　(B) x_0　　(C) $f'(x_0)$　　(D) 不存在

6. 设 $f(x)$ 在 x 处可导，a,b 为常数，则 $\lim\limits_{\Delta x\to 0}\frac{f(x+a\Delta x)-f(x-b\Delta x)}{\Delta x}=$（　　）.

(A) $f'(x)$　　(B) $(a+b)f'(x)$

(C) $(a-b)f'(x)$　　(D) $\frac{a+b}{2}f'(x)$

7. 设 $f(x)=\arctan^2 2x$，则 $f'(x)$ 为（　　）.

(A) $\frac{2}{1+4x^2}$　　(B) $\frac{4\arctan 2x}{1+4x^2}$

(C) $\frac{2\arctan 2x}{1+4x^2}$　　(D) $\frac{1}{1+x^2}$

二、填空题

1. $(\sin^2 x)'+(\cos^2 x)'=$__________.

2. 设 $f(x)=x(x-1)(x-2)(x-3)(x-4)$,则 $f'(0)=$__________.

3. 设 $y=\arctan\frac{1}{x}$,则 $y'=$__________,$y''=$__________.

4. 设函数 $y=f(u)$,$u=\varphi(x)$可微,则 $\mathrm{d}y=$__________$\mathrm{d}x$.

5. 曲线 $y=\frac{4+x}{4-x}$上点(0,1)处的法线的斜率为__________.

三、解答题

1. 求下列函数的一阶导数：

(1) $y=5x^2+\frac{3}{x^3}-2^x+4\cos x$；　　(2) $y=\cos(\ln 2x)$；

(3) $y=\ln[\ln(\ln x)]$；　　(4) $y=\mathrm{e}^{\sin x}\cos(\sin x)$.

2. 求下列函数的二阶导数：

(1) $y=(1+x^2)\arctan x$；　　(2) $y=x^2\ln x$.

3．求椭圆$\begin{cases}x=3\cos t,\\ y=4\sin t\end{cases}$在$t=\frac{3\pi}{4}$处的切线的斜率.

4．求下列函数的微分：

（1）$y=\arcsin\frac{x}{a}$；　　（2）$y=\frac{1}{2}\ln\frac{1-x}{1+x}$.

第3章　导数的应用

3.1　函数的单调性、极值和最值

【基本要求】

1. 正确理解驻点、极值点、极值的概念.
2. 能正确区分极值和最值.
3. 掌握求函数单调性、极值和最值的步骤.

【帮你读书】

如图3.1所示：

(1) 函数可能在驻点(导数为0的点)和不可导点(导数不存在的点)处取得极值；

(2) 函数可能在驻点、不可导点和端点处取得最值.

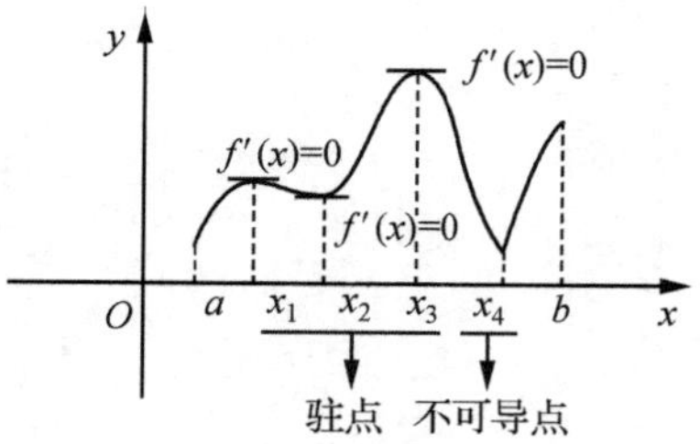

图3.1

【疑难解惑】

Q：如何根据导数的符号判断函数的单调性？

A：设函数 $y=f(x)$在区间(a,b)内可导，当 $x\in(a,b)$时，

(1) 若 $f'(x)>0$，则 $f(x)$在(a,b)内单调递增；

(2) 若 $f'(x)<0$，则 $f(x)$在(a,b)内单调递减.

Q：什么是驻点？什么是不可导点？

A：我们把导数为零的点称为驻点，把导数不存在的点称为不可导点.

Q：求函数单调性的一般步骤是什么？

A：(1) 确定 $f(x)$的定义域；

(2) 求出 $f(x)$的驻点及不可导点；

(3) 用这些点划分定义域；

(4) 判断 $f'(x)$在各个子区间内的符号(正、负号)；

(5) 列表得出结果.

Q：函数的极值点与驻点之间有什么关系呢？

A：可导函数的极值点一定是驻点(极值的必要条件)，驻点未必是极值点(如 $y=x^3$ 在 $x=0$ 处)，不可导点也可能是极值点(如 $y=|x|$在 $x=0$ 处).

Q：求函数极值的一般步骤是什么？

A：(1) 确定 $f(x)$的定义域；

(2) 求出 $f(x)$的驻点及不可导点；

(3) 用这些点划分定义域；

(4) 考察 $f'(x)$在各个子区间内的符号是否发生变化；

(5) 列表得出结果.

Q：求函数在闭区间上的最值的一般步骤是什么？

A：(1) 求出 $f(x)$在开区间内的驻点及不可导点；

(2) 求出函数 $f(x)$在以上各点及区间端点处的函数值；

(3) 比较它们的大小，得出结论.

Q：函数的极值一定是最值吗？最值一定是极值吗？

A：极值是局部的最值，函数的极值不一定的最值，最值也不一定是极值.

【技能训练】

A 组

1. 选择题：

(1) 设函数 $y=f(x)$ 在 $[a,b]$ 上连续，在 (a,b) 内可导. 如果在 (a,b) 内 $f'(x)>0$，那么函数 $y=f(x)$ 在 $[a,b]$ 上(　　).

(A) 单调增加　　(B) 单调减少

(C) 先递增后递减　　(D) 先递减后递增

(2) 函数 $y=e^x$ 在 $(-\infty,+\infty)$ 内(　　).

(A) 单调增加　　(B) 单调减少

(C) 是常数　　(D) 无法确定

(3) 函数 $y=|x|$ 在 $[0,+\infty)$ 内(　　).

(A) 单调增加　　(B) 单调减少

(C) 是常数　　(D) 无法确定

(4) 函数 $y=e^x-x-1$ 在 $(-\infty,0]$ 内(　　).

(A) 单调增加　　(B) 单调减少

(C) 是常数　　(D) 无法确定

(5) $y=x^4-2x^2+7$ 的极大值为(　　).

(A) 7　　(B) 0　　(C) 1　　(D) -1

(6) 若函数 $y=x^2+px+q$ 在 $x=4$ 时取得极值，则 p 为(　　).

(A) 8　　(B) -4　　(C) -8　　(D) 4

(7) 已知 $f'(x_0)=0$，则可导函数 $y=f(x)$ 在点 $x=x_0$ 处(　　).

(A) 必取得极小值　　(B) 必取得极值

(C) 无法判断是否取得极值　　(D) 必取得极大值

(8) 设函数 $f(x)$ 在 $[0,1]$ 上连续，在 $(0,1)$ 内可导，且 $f'(x)>0$，则(　　).

(A) $f(0)<0$　　(B) $f(1)>0$

(C) $f(1)>f(0)$　　(D) $f(1)<f(0)$

2. 填空题：

若函数 $y=-2x^2+ax+3$ 在 $x=1$ 处取得极大值，则 $a=$＿＿＿＿＿＿.

3. 求函数 $y=x-\ln(1+x)$ 的单调区间.

B 组

1. 选择题：

(1) 函数 $y=x^3$ 的单调增区间是(　　).

(A) 无法确定　　(B) $(-\infty,+\infty)$

(C) $[0,+\infty)$　　(D) $(-\infty,0]$

(2) 设函数 $f(x)$ 在 x_0 处可导，且在 x_0 处取得极值，则 x_0 必然是(　　).

(A) 零点　　(B) 驻点

(C) 间断点　　(D) 不可导点

(3) 函数 $y=x^2-4x-3$ 的单调减少区间是(　　).

(A) $(-1,+\infty)$　　(B) $(-1,4)$

(C) $(-\infty,2)$　　(D) $(4,+\infty)$

(4) 下列函数在指定区间 $(-\infty,+\infty)$ 内单调递增的是(　　).

(A) $\sin x$　　(B) e^x

(C) x^2　　(D) $3-x$

(5) 下列四个函数在 $x=0$ 处取得极值的是(　　).

① $y=x^3$；② $y=x^2+1$；③ $y=|x|$；④ $y=2^x$.

(A) ①②　　(B) ②③

(C) ③④　　(D) ①③

(6) 已知函数 $f(x)=x^3+ax+1$ 在 $x=-1$ 时取得极值，则 $a=$(　　).

(A) -3　　(B) -2　　(C) -1　　(D) 0

(7) 已知函数 $f(x)=-2x^2+ax+3$ 在 $x=1$ 时取得极大值，则 $a=$(　　).

(A) 1　　(B) 2　　(C) 3　　(D) 4

(8) 设函数 $y=x^3-3x$ 的极大值为 m，极小值为 n，则 $m+n$ 为(　　).

(A) 0　　(B) 1　　(C) 2　　(D) 3

(9) 若函数 $y=2x^3-3x^2+a$ 的极大值为 6，则 a 等于(　　).

(A) 1　　(B) 0　　(C) 5　　(D) 6

2. 填空题：

如果函数 $f(x)$ 在点 x_0 处可导，且在该点取得极值，则 $f'(x_0)=$________.

3. 求函数 $y=x^3-x^2-x+1$ 的单调区间、极值.

4. 求函数 $f(x)=\sqrt[3]{(x^2-2x)^2}$ 在闭区间[0,3]上的最值.

5. 要做一批圆柱形无盖铁桶，要求每个铁桶的容积 V 是一定值，问怎样设计才能使材料最省？

6. 欲用围墙围成面积为 216 m^2 的一块矩形土地，并在正中用一堵墙将其隔成两块，问这块土地的长和宽应选取多大的尺寸，才能使所用建筑材料最省？

3.2　导数在经济中的应用

【基本要求】

1. 能结合导数来正确理解“边际”和“弹性”的概念.
2. 会根据边际和弹性的概念进行计算.
3. 会解决经济中的最小值和最大值问题.

【疑难解惑】

Q：边际是如何定义的？

A：经济学中，把函数 $f(x)$ 的导函数 $f'(x)$ 称为 $f(x)$ 的边际函数. 边际函数在点 x_0 的值 $f'(x_0)$ 称为在点 x_0 处的边际值（或变化率、变化速度等）.

$$f'(x_0)=\lim_{\Delta x\to 0}\frac{f(x_0+\Delta x)-f(x_0)}{\Delta x}.$$

当 $\Delta x\to 0$ 时，

$$\frac{f(x_0+\Delta x)-f(x_0)}{\Delta x}=f'(x_0)+\alpha\approx f'(x_0),$$

其中 α 为比 Δx 高阶的无穷小.

在经济学中，通常取 $\Delta x=1$，就认为 Δx 达到很小(再小无意义)，故有

$$f(x_0+1)-f(x_0)\approx f'(x_0),$$

即当自变量 x 在 x_0 的基础上再增加一个单位时，函数 $f(x)$ 的改变量等于 $f(x)$ 在 x_0 处的边际值 $f'(x_0)$.

Q：边际利润、边际收入、边际成本之间有什么关系?

A：在经济学中，边际成本 $C'(q)$ 定义为产量增加一个单位时所增加的成本；边际收入 $R'(q)$ 定义为多售出一个单位产品所增加的销售收入；边际利润 $L'(q)$ 近似等于销售量为 q 时再多销售一个单位产品所增加(或减少)的利润. 这三个函数之间的关系是：

$$L'(q)=R'(q)-C'(q),$$

即边际利润等于边际收入与边际成本之差.

Q：弹性是如何定义的?

A：设 $y=f(x)$，当 $\Delta x\to 0$ 时，如果极限

$$\lim_{\Delta x\to 0}\frac{\frac{\Delta y}{y}}{\frac{\Delta x}{x}}$$

存在，则称极限值为函数 $y=f(x)$ 在点 x 处的弹性，记为 $E(x)$.

由弹性定义可知，若 $y=f(x)$ 在点 x 处可导，则它在点 x 处的弹性为

$$E(x)=\lim_{\Delta x\to 0}\frac{\frac{\Delta y}{y}}{\frac{\Delta x}{x}}=\lim_{\Delta x\to 0}\frac{\Delta y}{\Delta x}\cdot\frac{x}{y}=\frac{x}{y}\cdot\frac{\mathrm{d}y}{\mathrm{d}x}=\frac{x}{y}f'(x).$$

$f(x)$ 在 x_0 处的弹性的经济意义是：在 x_0 处，当 x 发生 1%的改变时，$f(x)$ 就会发生 $E(x_0)$%的改变.

由需求函数 $Q=Q(p)$ 可得需求弹性为

$$E_Q=\frac{p}{Q}\cdot\frac{\mathrm{d}Q}{\mathrm{d}p}=p\frac{Q'}{Q}.$$

根据经济理论,需求函数是单调减少函数,所以需求弹性一般都为负值.

利用供给函数 $S=S(p)$,同样定义供给弹性

$$E_S=\frac{p}{S}\cdot\frac{\mathrm{d}S}{\mathrm{d}p}=p\frac{S'}{S}.$$

Q:求实际问题的最值有什么注意事项?

A:在解决实际问题时应注意两点:

(1) 若 $f(x)$在某区间内仅有一个可能极值点 x_0,则当 x_0 为极大(小)值点时,点 x_0 就是该函数在此区间上的最值点;

(2) 在实际问题中,若由分析得知确实存在最大值或最小值,而所讨论的区间内仅有一个可能的极值点,则这个点 x_0 就是函数在此区间上的最值点.

【技能训练】

A 组

1. 选择题:

(1) 函数 $y=\frac{1}{x}$在(0,1)内的最小值是(　　).

(A) 0　　(B) 1

(C) 任何小于 1 的数　　(D) 不存在

(2) 设生产 x 个单位产品的总成本函数 $C(x)=9+\frac{1}{12}x^2$,则生产 12 个单位产品的边际成本是(　　).

(A) 2　　(B) 4　　(C) 1　　(D) 3

2. 填空题:

(1) 设 $Q(p)$为需求函数,$S(p)$为供给函数,$C(q)$为成本函数,$R(q)$为收入函数,$L(q)$为利润函数,则供需均衡条件是____________,盈亏平衡的条件是____________.

(2) 某厂每批生产某种产品 q 个单位的总成本为 $C(q)=7q+200$(千元),获得的收入为 $R(q)=12q-0.01q^2$(千元),那么,生产这种产品的边际成本为

__________，边际收入为__________，边际利润为__________，使边际利润为 0 的产量 $q=$__________个单位.

3. 某商店以每条 100 元的价格购进一批牛仔裤，设该商品的需求函数为 $Q=400-2p$（其中 Q 为需求量，p 为销售价格），求收入函数和利润函数.

B 组

1. 选择题：

某商品的需求弹性 $E_Q=-bp(b>0)$，那么，当价格 p 提高 1%时，需求量会（　　）.

（A）增加 bp　（B）减少 bp　（C）减少 $bp\%$　（D）增加 $bp\%$

2. 填空题：

（1）若某商品的需求量 Q 与价格 p 的函数关系为 $Q=f(p)=1\ 600\left(\frac{1}{4}\right)^p$，则需求量 Q 与价格 p 的弹性函数为 $E_Q=$______________.

（2）函数 $y=e^{kx}$ 的弹性 $E=$__________.

（3）已知某产品产量为 q 件时的总成本函数为 $C(q)=2q^2+q+200$（元），则当产量为 100 件时的边际成本为______________.

3. 某工厂生产产量为 q（件）时，生产成本函数为 $C(q)=54+18q+6q^2$（元），求该厂生产多少件产品时，平均成本达到最小，并求出其最小平均成本和相应的边际成本.

4. 某商家销售某种商品的价格满足关系 $p=7-0.2q$(万元/吨)，且 q 为销售量(单位：吨)，产品的成本函数为 $C(q)=3q+1$(万元).

(1) 若每销售1吨商品，政府要征税 t(万元)，求该商家获最大利润时的销售量；

(2) 当 t 为何值时，政府税收总额最大？

5. 某工厂生产一批产品，固定成本为200元，每生产一吨该产品的成本为60元，市场的需求规律为 $q=1\,000-10p$(q 为需求量，p 为单价)，求产量为多少时，利润最大.

自测题

（90 分钟内完成）

一、选择题

1. 设函数 $y=x^2-\ln x^2$，那么在区间 $(-1,0)$ 和 $(0,1)$ 内，y 分别（　　）.

(A) 单调增加，单调减少　　(B) 单调增加，单调增加

(C) 单调减少，单调增加　　(D) 单调减少，单调减少

2. 函数 $f(x)=\frac{1}{2}(e^x+e^{-x})$ 的极小值为（　　）.

(A) 0　　(B) 1　　(C) -1　　(D) 不存在

3. 函数 $f(x)=x^4-2x^2+5$ 在区间 $[-2,2]$ 上的最大值是（　　）.

(A) 12　　(B) 11　　(C) 10　　(D) 13

4. 对于函数 $y=\ln x$，$1\leqslant x<e$，下列结论成立的是（　　）.

(A) 最大值为 1　　(B) 最小值为 0

(C) 极大值为 1　　(D) 无最大值且无最小值

5. 如果一个函数在闭区间上既有极大值，又有极小值，那么（　　）

(A) 极大值一定是最大值　　(B) 极小值一定是最小值

(C) 极大值必大于极小值　　(D) 以上说法都不一定成立

6. 函数 $y=x-\ln(1+x^2)$ 的极值为（　　）.

(A) 0　　(B) 不存在　　(C) $-1-\ln 2$　　(D) $1-\ln 2$

7. 下列说法正确的是（　　）.

(A) 若 $f'(x_0)=0$，则 $f(x_0)$ 必是极值

(B) 若 $f(x_0)$ 是极值，则 $f(x)$ 在 x_0 处可导且 $f'(x_0)=0$

(C) 若 $f(x)$ 在 x_0 处可导，则 $f'(x_0)=0$ 是 $f(x_0)$ 为极值的必要条件

(D) 若 $f(x)$ 在 x_0 处可导，则 $f'(x_0)=0$ 是 $f(x_0)$ 为极值的充分条件

8. 下列函数为单调函数的是（　　）.

(A) $y=\ln(1+x^2)$　　(B) $y=xe^x$

(C) $y=|x|$　　(D) $y=x+\sin x$

9. 函数 $y=\ln(1+x)$的单调增区间为(　　).

(A) $(-2,+\infty)$　　(B) $(-\infty,-1)$

(C) $(-\infty,+\infty)$　　(D) $(-1,+\infty)$

10. 函数 $y=\dfrac{2x}{\ln x}$的极值为(　　).

(A) 0　　(B) ln2　　(C) 2e　　(D) 不存在

11. 函数 $y=\dfrac{e^x}{1+x}$的单调减区间是(　　).

(A) $(-\infty,0)$　　(B) $(-1,0)$

(C) $(-\infty,-1)$和$(-1,0)$　　(D) $(0,+\infty)$

二、填空题

1. 函数 $f(x)=x^2\ln x$ 在$[1,e]$上的最大值为__________，最小值为__________.

2. 函数 $y=x^3-3x^2+5$ 在区间__________上单调增加，在区间__________上单调减少，极大值是__________，极小值是__________.

3. 函数 $f(x)=2+x-x^2$ 在闭区间$[0,5]$上的最大值是__________，最小值是__________.

4. 函数 $f(x)=x^2-2x-1$ 在闭区间$[0,5]$上的最大值是__________，最小值是__________.

三、解答题

1. 设 $f'(x)$的图象如图 3.2 所示，根据该图象指出函数 $f(x)$的单调区间和极值点.

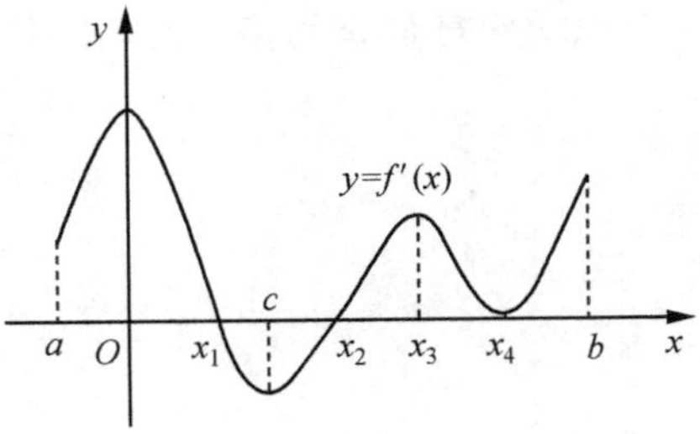

图 3.2

2. 设圆柱形有盖茶缸的容积 V 为常数，求表面积最小时，底半径 x 与高 y 之比.

3. 某工厂生产某种产品 x 吨，所需要的成本为 $C(x)=5x+200$（单位：万元）. 将每吨产品投放市场后所得的总收入为 $R(x)=10x-0.01x^2$（单位：万元）. 问该产品生产多少吨时获利最大？

4. 某公司经销某种材料，销售收入 R（万元）与销售量 x（吨）的函数关系式为 $R(x)=12\sqrt{x}-\sqrt{x^3}$，销售成本 C（万元）与销售量 x 的函数关系式为 $C(x)=3\sqrt{x}+4$. 问：

(1) 销售量为 x 时，写出利润函数 $L(x)$ 的表达式；

(2) 销售量 x 为多少时，公司可获得最大利润？

5. 某饮料生产销售公司每月制造 x 箱饮料的总成本：

$$C(x)=-0.000\,02x^2+2x+600(\text{元})(0\leqslant x\leqslant 12\,000),$$

而每月饮料的价格函数为 $p(x)=-0.000\,42x+6$(元/件)($0\leqslant x\leqslant 12\,000$)，求该公司为实现最大利润，每月的生产量应该为多少箱.

6. 设某企业生产某种产品的固定成本为100元，边际成本为 $C'(x)=20+2x$(元/单位)，边际收益为 $R'(x)=180-2x$(元).

(1) 最大利润是多少？

(2) 在利润最大的基础上，再生产10个单位的产品，总利润减少多少？

第4章　不定积分

4.1　不定积分的概念

【基本要求】

1. 掌握不定积分的概念和性质.
2. 理解不定积分与求导(或求微分)的关系,即不定积分的基本公式.
3. 会求简单的不定积分.

【疑难解惑】

Q:原函数与不定积分的区别是什么?

A:(1) 在某一区间上可导函数 $F(x)$ 的导数为 $f(x)$,即 $F'(x)=f(x)$ 或 $\mathrm{d}F(x)=f(x)\mathrm{d}x$,则 $F(x)$ 是函数 $f(x)$ 在该区间上的一个原函数;

(2) 若函数 $F(x)$ 为 $f(x)$ 在某区间上的一个原函数,则函数 $F(x)+C$(C 为任意常数)为 $f(x)$ 在该区间上的全体原函数;

(3) 不定积分本质上就是求解某函数在某区间上的全体原函数,记作

$$\int f(x)\mathrm{d}x = F(x)+C.$$

Q：不定积分的性质有哪些？

A：(1) 被积函数中不为零的常数因子可以移到积分号外面，即

$$\int kf(x)\mathrm{d}x = k\int f(x)\mathrm{d}x\,(k \neq 0);$$

(2) 两个函数的代数和的不定积分，等于它们不定积分的代数和，即

$$\int [f(x) \pm g(x)]\mathrm{d}x = \int f(x)\mathrm{d}x \pm \int g(x)\mathrm{d}x.$$

Q：基本积分公式有哪些？

A：(1) $\int k\mathrm{d}x=kx+C$（k 为常数）；

(2) $\int x^{\mu}\mathrm{d}x=\frac{1}{\mu+1}x^{\mu+1}+C(\mu\neq-1)$；

(3) $\int \frac{1}{x}\mathrm{d}x=\ln|x|+C$；

(4) $\int a^{x}\mathrm{d}x=\frac{a^{x}}{\ln a}+C$，当 $a=\mathrm{e}$ 时，$\int \mathrm{e}^{x}\mathrm{d}x=\mathrm{e}^{x}+C$；

(5) $\int \sin x\mathrm{d}x=-\cos x+C$；

(6) $\int \cos x\mathrm{d}x=\sin x+C$；

(7) $\int \sec^{2}x\mathrm{d}x=\tan x+C$；

(8) $\int \csc^{2}x\mathrm{d}x=-\cot x+C$；

(9) $\int \frac{1}{\sqrt{1-x^{2}}}\mathrm{d}x=\arcsin x+C$；

(10) $\int \frac{1}{1+x^{2}}\mathrm{d}x=\arctan x+C$；

(11) $\int \sec x\tan x\mathrm{d}x=\sec x+C$；

(12) $\int \csc x\cot x\mathrm{d}x=-\csc x+C$.

Q：不定积分求解的原函数有多少个？

A：无穷多个.

Q：不定积分求解的全体原函数有什么关系？

A：全体原函数之间彼此只相差一个常数.

【技能训练】

A 组

1. 选择题：

(1) 设函数 $f(x)=\arcsin 2x$，则 $\int f'(x)\mathrm{d}x=$(　　).

(A) $\arcsin 2x$　　(B) $\arcsin 2x+C$

(C) $2\arcsin 2x$　　(D) $2\arcsin 2x+C$

(2) 设 $F_1(x)$，$F_2(x)$ 为 $f(x)$ 在区间 I 上的两个不同的原函数，则在 I 上必有(　　).

(A) $F_1(x)+F_2(x)=C$　　(B) $F_1(x)\cdot F_2(x)=C$

(C) $F_1(x)-F_2(x)=C$　　(D) $F_1(x)=CF_2(x)$

(3) 设 $\int f'(x)\mathrm{d}x=\int g'(x)\mathrm{d}x$，则下列各式成立的是(　　).

(A) $f(x)=g(x)$　　(B) $f(x)=g(x)+x+C$

(C) $\int f(x)\mathrm{d}x=\int g(x)\mathrm{d}x$　　(D) $f(x)=g(x)+C$

2. 填空题：

(1) 设函数 $f(x)=3$，则 $\int f(x)\mathrm{d}x=$__________.

(2) 设函数 $f(x)=x^5$，则 $\int f(x)\mathrm{d}x=$__________.

(3) 设函数 $f(x)=x^2\sqrt{x}$，则 $\int f(x)\mathrm{d}x=$__________.

(4) 设函数 $f(x)=x+\cos x$，则 $\int f(x)\mathrm{d}x=$__________.

(5) 设函数 $f(\theta)=\sin\theta(\cot\theta+\csc\theta)$，则 $\int f(\theta)\mathrm{d}\theta=$__________.

B 组

1. $\int \frac{(x-1)^2}{x}\mathrm{d}x$.

2. $\int (x^2 - 6\mathrm{e}^x + 2\sin x)\mathrm{d}x$.

3. $\int \frac{x^2}{1+x^2}\mathrm{d}x$.

4. $\int \frac{1+x^2+x^4}{x^4(1+x^2)}\mathrm{d}x$.

5. $\int 4^x \mathrm{e}^x \mathrm{d}x$.

6. $\int \cos^2 \frac{x}{2}\mathrm{d}x$.

7. $\int \frac{1}{1-\cos 2x}\mathrm{d}x$.

8. $\int (\sec^2 x + \sin x)\mathrm{d}x$.

9. $\int(\csc^2 x+\cos x)\mathrm{d}x$.

10. $\int\cot^2 x\mathrm{d}x$.

11. $\int\frac{\cos 2x}{\cos x+\sin x}\mathrm{d}x$.

12. $\int\frac{\cos 2x}{\cos^2 x\sin^2 x}\mathrm{d}x$.

13. $\int\csc x(\csc x-\cot x)\mathrm{d}x$.

14. $\int(\tan x+\sec x)^2\mathrm{d}x$.

4.2 不定积分的换元积分法

【基本要求】

1. 理解不定积分的换元积分法.
2. 能正确找出积分中需要换元的部分.

【帮你读书】

$$\int f[\varphi(x)]\varphi'(x)\mathrm{d}x$$

$$\xlongequal{\text{凑微分}}\int f[\varphi(x)]\mathrm{d}\varphi(x)$$

$$\xlongequal{\text{换元(令 }\varphi(x)=u\text{)}}\int f(u)\mathrm{d}u$$

$$\xlongequal{\text{求积分}}F(u)+C$$

$$\xlongequal{\text{回代}}F[\varphi(x)]+C.$$

【疑难解惑】

Q：换元积分法的公式是什么？

A：换元法本质上是变量代换．

$$\int f[\varphi(x)]\varphi'(x)\mathrm{d}x=\int f[\varphi(x)]\mathrm{d}\varphi(x).$$

Q：不定积分的换元积分法的解题思路是什么？

A：不定积分的换元积分法的解题思路主要是要完成两个“规定动作”．

(1) 凑微分　在被积表达式中凑一个函数 $\varphi(x)$ 的微分，即 $\mathrm{d}\varphi(x)$，并把微分符号 d 后面的函数 $\varphi(x)$ 作为一个新的积分变量 u．

(2) 用公式　在新的积分变量 u 下，使用积分基本公式求出积分．

在对凑微分法比较熟练后，我们可以省略变量 u 的代换过程，从而简化积分的计算过程，使得积分的计算较为简洁．

Q：有哪些常用的积分公式？

A：常用的几个积分公式有

(1) $\int \tan x\mathrm{d}x=-\ln|\cos x|+C$；

(2) $\int \cot x\mathrm{d}x=\ln|\sin x|+C$；

(3) $\int \sec x\mathrm{d}x=\ln|\sec x+\tan x|+C$；

(4) $\int \csc x\mathrm{d}x=\ln|\csc x-\cot x|+C$.

【技能训练】

A 组

1. 选择题：

(1) 设函数 $f(x)=2\sin 2x$，则 $\int f(x)\mathrm{d}x=$(　　).

(A) $\sin 2x$　　(B) $\cos 2x$

(C) $\sin 2x+C$　　(D) $-\cos 2x+C$

(2) 设函数 $f(x)=\dfrac{1}{3+4x}$，则 $\int f(x)\mathrm{d}x=$(　　).

(A) $\ln|3+4x|+C$　　(B) $\dfrac{1}{4}\ln|3+4x|+C$

(C) $\dfrac{1}{3+4x}+C$　　(D) $\ln|3+4x|$

(3) 设函数 $f(x)=2x\sqrt{1+x^2}$，则 $\int f(x)\mathrm{d}x=$(　　).

(A) $\dfrac{1}{3}\sqrt{(1+x^2)^3}+C$　　(B) $\dfrac{2}{3}\sqrt{(1+x^2)^3}+C$

(C) $\dfrac{1}{6}\sqrt{(1+x^2)^3}+C$　　(D) $\dfrac{4}{3}\sqrt{(1+x^2)^3}+C$

(4) 设函数 $f(x)=\sin(1-2x)$，则 $\int f(x)\mathrm{d}x=$(　　).

(A) $-\dfrac{1}{2}\sin(1-2x)$　　(B) $-\dfrac{1}{2}\cos(1-2x)$

(C) $-\dfrac{1}{2}\sin(1-2x)+C$　　(D) $-\dfrac{1}{2}\cos(1-2x)+C$

2. 填空题：

(1) 设函数 $f(x)=\mathrm{e}^{2x}$，则 $\int f(x)\mathrm{d}x=$________.

(2) 设函数 $f(x)=\dfrac{\mathrm{e}^x}{\sqrt{1-\mathrm{e}^{2x}}}$，则 $\int f(x)\mathrm{d}x=$________.

(3) 设函数 $f(x)=\frac{\ln x}{x}$,则 $\int f(x)\mathrm{d}x=$ ____________.

(4) $\int \frac{f'(x)}{f(x)}\mathrm{d}x=$ ____________.

(5) $\int (\sin x+\cos x)^2\mathrm{d}x$ ____________.

B 组

1. $\int \cos x\mathrm{e}^{\sin x}\mathrm{d}x$.

2. $\int \frac{\mathrm{e}^{\sqrt{x}}}{\sqrt{x}}\mathrm{d}x$.

3. $\int \cot x\mathrm{d}x$.

4. $\int \frac{1}{9+x^2}\mathrm{d}x$.

5. $\int \frac{1}{9-x^2}\mathrm{d}x$.

6. $\int \frac{x}{\sqrt{9-x^2}}\mathrm{d}x$.

7. $\int \frac{1}{\sqrt{9-x^2}}\mathrm{d}x$.

8. $\int \frac{\arcsin x}{\sqrt{1-x^2}}\mathrm{d}x$.

9. $\int \cos^2 x \mathrm{d}x$.

10. $\int \cos^3 x \mathrm{d}x$.

11. $\int \cos x \cos 3x \mathrm{d}x$.

12. $\int \sin x \cos^3 x \mathrm{d}x$.

13. $\int \sin^2 x \cos^3 x \mathrm{d}x$.

14. $\int \frac{\mathrm{e}^x}{1+\mathrm{e}^x} \mathrm{d}x$.

15. $\int \frac{\mathrm{e}^x}{1+\mathrm{e}^{2x}} \mathrm{d}x$.

16. $\int \sec x \mathrm{d}x$.

17. $\int \csc x \mathrm{d}x$.　　　　18. $\int (\sec x + \csc x)^2 \mathrm{d}x$.

4.3　不定积分的分部积分法

【基本要求】

1. 理解不定积分的分部积分法.
2. 能正确理解分部积分法的两个条件.

【疑难解惑】

Q：分部积分法的公式是什么？

A：$\int u\mathrm{d}v = uv - \int v\mathrm{d}u$.

Q：分部积分法使用的条件是什么？

A：(1) v 要容易得到；

(2) $\int v\mathrm{d}u$ 比 $\int u\mathrm{d}v$ 容易计算.

【技能训练】

A 组

1. 选择题：

设函数 $f(x)=x\sin x$，则 $\int f(x)\mathrm{d}x=($ $)$.

(A) $x\sin x-\cos x+C$

(B) $-x\sin x+\cos x+C$

(C) $-x\cos x+\sin x+C$

(D) $x\cos x-\sin x+C$

2. 填空题：

设函数 $f(x)=x^3\ln x$，则 $\int f(x)\mathrm{d}x=$______.

3. 计算题：

(1) $\int \arcsin x\mathrm{d}x$；

(2) $\int \arctan x\mathrm{d}x$；

(3) $\int x(\sin x+\cos x)\mathrm{d}x$；

(4) $\int x(\sin x+\cos x)^2\mathrm{d}x$.

B 组

1. $\int x^3 \arctan x \mathrm{d}x$.

2. $\int (\arcsin x)^2 \mathrm{d}x$.

3. $\int x^2 \ln(x-1) \mathrm{d}x$.

4. $\int \mathrm{e}^x \cos x \mathrm{d}x$.

5. $\int \mathrm{e}^x \cos^2 x \mathrm{d}x$.

6. $\int \cos(\ln x) \mathrm{d}x$.

7. $\int \csc^3 x \mathrm{d}x$.

8. $\int x(\tan x + \cot x)^2 \mathrm{d}x$.

9. 设 $\ln x$ 是 $f(x)$ 的一个原函数，求 $\int x f'(x) \mathrm{d}x$.

自测题

（90 分钟内完成）

一、选择题

1. 设 $\int f(x)\mathrm{d}x=\csc^2 x+C$，则 $f(x)=($　　$)$.

(A) $2\csc x$　　(B) $2\csc^2 x\cot x$

(C) $-2\csc^2 x\cot x$　　(D) $-2\csc x\cot x$

2. 设 $F(x)$ 为函数 $f(x)$ 的原函数，则 $f(x)$ 的原函数的个数是(　　).

(A) 1　　(B) 2　　(C) 3　　(D) 无数个

3. 设 $F(x)$，$G(x)$ 为 $f(x)$ 在区间 I 上的两个不同的原函数，且 $f(x)\neq 0$，则在 I 上必有(　　).

(A) $F(x)+G(x)=C$　　(B) $F(x)\cdot G(x)=C$

(C) $F(x)-G(x)=C$　　(D) $F(x)=CG(x)$

4. 设 $F'(x)=\dfrac{1}{1+x^2}$，且 $F(0)=0$，则 $F(x)=($　　$)$.

(A) $\arctan x+\dfrac{\pi}{2}$　　(B) $\arctan x$

(C) $\arctan x+\pi$　　(D) $\operatorname{arccot} x+\pi$

5. 若 $\left[\int f(x)\mathrm{d}x\right]'=\tan x$，则 $f(x)=($　　$)$.

(A) $\tan x$　　(B) $\tan x+C$

(C) $\cot x$　　(D) $\cot x+C$

6. 若 $\int f(x)\mathrm{d}x=F(x)+C$，则 $\int \cos x f(\sin x)\mathrm{d}x=($　　$)$.

(A) $F(\cos x)+C$　　(B) $-F(\cos x)+C$

(C) $F(\sin x)+C$　　(D) $-F(\sin x)+C$

7. $\int \frac{1}{\cos x}\mathrm{d}x=$(　　).

(A) $\ln|\cos x|$

(B) $\ln|\sec x+\tan x|+C$

(C) $\ln|\cos x|+C$

(D) $\ln|\sec x+\tan x|$

8. $\int \frac{\ln x}{2}\mathrm{d}x=$(　　).

(A) $\frac{1}{2}x\ln x-\frac{1}{2}x+C$

(B) $\frac{1}{2}x\ln x+\frac{1}{2}x+C$

(C) $\frac{1}{2}x\ln x-x+C$

(D) $\frac{1}{2}x\ln x+x+C$

二、填空题

1. $\int\left(\frac{\sin x+1}{\cos x+1}\right)'\mathrm{d}x=$__________.

2. $\int \mathrm{e}^x\cos(\mathrm{e}^x+1)\mathrm{d}x=$__________.

3. $\mathrm{d}\left(\int \frac{\cos^2 x}{1+\sin x}\mathrm{d}x\right)=$__________.

4. $\int \frac{f'(x)}{f(x)}\mathrm{d}x=$__________.

5. 已知函数 $f(x)$的二阶导数 $f''(x)$连续,则 $\int xf''(x)\mathrm{d}x=$__________.

三、解答题

1. 求下列不定积分:

(1) $\int \frac{\cos\sqrt{x}}{\sqrt{x}}\mathrm{d}x$;

(2) $\int \frac{\cos 2x}{\sin x\cos x}\mathrm{d}x$;

(3) $\int(x^2-1)\sin x\mathrm{d}x$；　　(4) $\int x\sqrt{1-x^2}\mathrm{d}x$.

2. 设$\dfrac{\ln x}{x}$是 $f(x)$的一个原函数，求 $\int xf(x)\mathrm{d}x$.

第 5 章　定积分及其应用

5.1　定积分的概念

【基本要求】

1. 理解定义定积分概念的四个步骤.
2. 会用定积分表示面积,也能由图形面积写出对应定积分的表达式.

【帮你读书】

1. 设函数 $f(x)$ 在区间 $[a,b]$ 上有定义,任意取分点

$$a=x_0<x_1<x_2<\cdots<x_{i-1}<x_i<\cdots<x_{n-1}<x_n=b,$$

分区间 $[a,b]$ 为 n 个小区间 $[x_{i-1},x_i]$ $(i=1,2,\cdots,n)$,其长度记为

$$\Delta x_i=x_i-x_{i-1}\ (i=1,2,\cdots,n).$$

在每个小区间 $[x_{i-1},x_i]$ 上,任取一点 ξ_i $(x_{i-1}\leqslant\xi_i\leqslant x_i)$,作乘积 $f(\xi_i)\Delta x_i$,得和式

$$\sum_{i=1}^{n}f(\xi_i)\Delta x_i.$$

当 n 无限增大,且小区间的最大长度 λ(即 $\lambda=\max\{\Delta x_i\}$)趋于零时,如果上述和

式的极限存在(即这个极限值与$[a,b]$的分割及点 ξ_i 的取法均无关),则称函数 $f(x)$在区间$[a,b]$上可积,并称此极限值为函数 $f(x)$在区间$[a,b]$上的定积分,记作 $\int_a^b f(x)\mathrm{d}x$,即

$$\int_a^b f(x)\mathrm{d}x = \lim_{\lambda\to 0}\sum_{i=1}^{n} f(\xi_i)\Delta x_i,$$

其中称 $f(x)$为被积函数,$f(x)\mathrm{d}x$ 为被积表达式或被积式,x 为积分变量,区间$[a,b]$为积分区间,a 与 b 分别称为积分下限与积分上限.

2. 曲线 $f(x)(f(x)\geqslant 0)$,x 轴及两条直线 $x=a$,$x=b$ 所围成的曲边梯形的面积 A 等于函数 $f(x)$在区间$[a,b]$上的定积分,即 $A=\int_a^b f(x)\mathrm{d}x$.

3. 定积分的思想是“化整为零→近似代替→集零为整→取极限”.

4. 在一般情况下,定积分 $\int_a^b f(x)\mathrm{d}x$ 的几何意义为:它是介于 x 轴、函数 $f(x)$的图形及两条直线 $x=a$,$x=b$ 之间的各部分面积的代数和.

【疑难解惑】

Q:定积分与积分变量用什么字母表示有关系吗?

A:定积分表示一个数,它只取决于被积函数与积分上、下限,而与积分变量采用什么字母表示无关,即

$$\int_a^b f(x)\mathrm{d}x=\int_a^b f(t)\mathrm{d}t=\int_a^b f(u)\mathrm{d}u.$$

Q:如果积分下限不小于积分上限怎么办?

A:定义中积分下限 a 小于积分上限 b,我们补充如下规定:

当 $a=b$ 时,$\int_a^b f(x)\mathrm{d}x=0$;

当 $a>b$ 时,$\int_a^b f(x)\mathrm{d}x=-\int_b^a f(x)\mathrm{d}x$.

Q:定积分的结果是一个确切的数值吗?

A:定积分的结果是一个确定的数值,即为常量.

【技能训练】

A 组

1. 填空题：

(1) 定积分 $\int_{0}^{1} \sin x \mathrm{d}x$ 的被积表达式为__________，积分上限为__________，积分下限为__________.

(2) 定积分 $\int_{-\pi}^{\pi} \cos x \mathrm{d}x$ 的积分结果为__________，定积分 $\int_{-\pi}^{\pi} \sin x \mathrm{d}x$ 的积分结果为__________.

2. 选择题：

(1) 设连续函数 $f(x)>0$，则当 $a<b$ 时，定积分 $\int_{a}^{b} f(x) \mathrm{d}x$ 的符号(　　).

(A) 一定是正的

(B) 一定是负的

(C) 当 $0<a<b$ 时是正的，当 $a<b<0$ 时是负的

(D) 以上结论都不对

(2) 已知 $f(x)$ 为奇函数，则 $\int_{-6}^{6} f(x) \mathrm{d}x$ 等于(　　).

(A) 1　　(B) 0　　(C) 6　　(D) -6

(3) 定积分 $\int_{-1}^{1} x \mathrm{d}x$ 的积分结果等于(　　).

(A) 1　　(B) 2　　(C) -2　　(D) 0

3. 利用定积分的定义计算定积分 $\int_{1}^{3} C \mathrm{d}x$，其中 C 为一个大于零的常数.

B 组

1. 填空题：

(1) 已知定积分 $\int_0^1 x\mathrm{d}x=\frac{1}{2}$，则定积分 $\int_1^0 x\mathrm{d}x$ 的计算结果为____________.

(2) $\lim\limits_{n\to\infty}\frac{\sum\limits_{i=1}^{n}\sqrt{i}}{n\sqrt{n}}$ 用定积分表示可表示为____________.

2. 选择题：

(1) 定积分 $\int_a^b f(x)\mathrm{d}x$ 表示的和式极限为（　　）.

(A) $\lim\limits_{n\to\infty}\frac{b-a}{n}\sum\limits_{i=1}^{n} f\left[\frac{i}{n}(b-a)\right]$

(B) $\lim\limits_{n\to\infty}\frac{b-a}{n}\sum\limits_{i=1}^{n} f\left[\frac{i-1}{n}(b-a)\right]$

(C) $\lim\limits_{n\to\infty}\sum\limits_{i=1}^{n} f(\xi_i)\Delta x_i$（$\xi_i$ 为$[x_{i-1},x_i]$上任一点）

(D) $\lim\limits_{\lambda\to 0}\sum\limits_{i=1}^{n} f(\xi_i)\Delta x_i$（$\lambda=\max\limits_{1\leqslant i\leqslant n}\{\Delta x_i\}$，$\xi_i$ 为$[x_{i-1},x_i]$上任一点）

(2) 已知定积分 $\int_{-6}^{6} f(x)\mathrm{d}x=0$，则定积分 $\int_{-1}^{1} f(x)\mathrm{d}x$ 的结果等于（　　）.

(A) 1　　(B) 0　　(C) 6　　(D) -6

(3) 定积分 $\int_{-1}^{1} 5\mathrm{d}x$ 的积分结果等于（　　）.

(A) 0　　(B) 5　　(C) 10　　(D) 不存在

3. 利用定积分的定义计算定积分 $\int_0^1 x\mathrm{d}x$.

5.2 定积分的性质

【基本要求】

1. 理解并记忆定积分的性质.
2. 会用保号性和估值定理,判断两个定积分的大小.

【帮你读书】

性质 1 函数的和(差)的定积分等于它们的定积分的和(差),即

$$\int_a^b [f(x) \pm g(x)]\mathrm{d}x = \int_a^b f(x)\mathrm{d}x \pm \int_a^b g(x)\mathrm{d}x.$$

注:性质 1 对于任意有限个函数都是成立的.

性质 2 被积函数的常数因子可以提到积分号外面,即

$$\int_a^b kf(x)\mathrm{d}x = k\int_a^b f(x)\mathrm{d}x(k\text{ 为常数}).$$

性质 3(积分区间的可加性) 如果 $a<c<b$,则

$$\int_a^b f(x)\mathrm{d}x = \int_a^c f(x)\mathrm{d}x + \int_c^b f(x)\mathrm{d}x.$$

注:当点 c 不介于 a 与 b 之间,即 $c<a<b$ 或 $a<b<c$ 时,结论仍然正确.

性质 4(保号性) 若在区间$[a,b]$上,$f(x)\leqslant g(x)$,则

$$\int_a^b f(x)\mathrm{d}x \leqslant \int_a^b g(x)\mathrm{d}x.$$

性质 5(估值定理) 若 $m\leqslant f(x)\leqslant M$,则

$$m(b-a)\leqslant \int_a^b f(x)\mathrm{d}x \leqslant M(b-a).$$

性质 6(定积分中值定理) 若 $f(x)$在区间$[a,b]$上连续,则在(a,b)内至少存在一点 ξ,使得

$$\int_a^b f(x)\mathrm{d}x = f(\xi)(b-a).$$

若 $f(x)$ 为奇函数，则

$$\int_{-a}^{a} f(x)\mathrm{d}x = 0 (a \text{ 为常数});$$

若 $f(x)$ 为偶函数，则

$$\int_{-a}^{a} f(x)\mathrm{d}x = 2\int_{0}^{a} f(x)\mathrm{d}x (a \text{ 为常数}).$$

【疑难解惑】

Q：定积分中值定理中，如果被积表达式是一个常数怎么办？

A：如果在区间 $[a,b]$ 上 $f(x)\equiv C$，则

$$\int_{a}^{b} C\mathrm{d}x = C(b-a).$$

Q：若 $f(x)$ 在区间 $[a,b]$ 上有最大值 M，则 $\int_{a}^{b} f(x)\mathrm{d}x \leqslant M(b-a)$ 正确吗？

A：正确，这正是估值定理的应用.

Q：定积分中值定理中，若 $a>b$，则结论还成立吗？

A：无论 $a>b$ 还是 $a<b$，定积分中值定理都成立.

【技能训练】

A 组

1. 填空题：

(1) 利用定积分的性质比较下列各组积分的大小.

$\int_{0}^{1} x\mathrm{d}x$ ________ $\int_{0}^{1} x^2\mathrm{d}x$；　　$\int_{1}^{2} x\mathrm{d}x$ ________ $\int_{1}^{2} x^2\mathrm{d}x$；

$\int_{1}^{e} \ln x\mathrm{d}x$ ________ $\int_{1}^{e} \ln t\mathrm{d}t$；　　$\int_{0}^{1} x\mathrm{d}x$ ________ $\int_{0}^{1} \sin x\mathrm{d}x$.

(2) 利用积分区间可加性可知定积分

$\int_{0}^{2\pi} |\sin x|\mathrm{d}x = \int_{0}^{\pi} |\sin x|\mathrm{d}x + \int_{\pi}^{2\pi} |\sin x|\mathrm{d}x =$ ____________.

2. 选择题：

(1) 若 $a=\int_{0}^{2} f(x)\mathrm{d}x$，$b=\int_{0}^{2} g(x)\mathrm{d}x$，$c=\int_{0}^{2} \varphi(x)\mathrm{d}x$，已知在区间 $[0,2]$ 上

有 $\varphi(x)<f(x)<g(x)$，则 a,b,c 的大小关系是（　　）.

(A) $a<c<b$　　(B) $a<b<c$　　(C) $c<b<a$　　(D) $c<a<b$

(2) 已知 $f(x)=3$ 为常函数，则 $\int_0^2 f(x)\mathrm{d}x$ 等于（　　）.

(A) 6　　(B) -6　　(C) 1　　(D) 0

(3) 已知定积分 $\int_2^6 2x\mathrm{d}x=8\times(6-2)$，则函数 $f(x)=2x$ 在区间 $[2,6]$ 上的平均值等于（　　）.

(A) 2　　(B) 4　　(C) 6　　(D) 8

(4) 已知 $f(x)$ 为奇函数且 $\int_0^3 f(x)\mathrm{d}x=\frac{1}{2}$，则 $\int_{-3}^3 f(x)\mathrm{d}x$ 等于（　　）.

(A) 1　　(B) -1　　(C) 0　　(D) 3

3. 计算题：

(1) 已知 $f(x)=3-\sin x$，求定积分 $\int_{-2}^2 f(x)\mathrm{d}x$；

(2) 已知 $f(x)=2-x^3+2x$，求定积分 $\int_{-2}^2 f(x)\mathrm{d}x$.

B 组

1. 填空题：

(1) 在 $\int_0^1 \sqrt{1+x^3}\mathrm{d}x$ 与 $\int_0^1 \sqrt{1+x^4}\mathrm{d}x$ 中，值比较大的是__________.

(2) 已知 $f(x)=2-x$，则 $\int_{-1}^{1} f(x)\mathrm{d}x=$______.

2. 选择题：

(1) 若 $a=\int_{0}^{2} x^{2}\mathrm{d}x$，$b=\int_{0}^{2} x^{3}\mathrm{d}x$，$c=\int_{0}^{2} \sin x\mathrm{d}x$，则 a，b，c 的大小关系是(　　).

(A) $a<c<b$　　(B) $a<b<c$

(C) $c<b<a$　　(D) $c<a<b$

(2) 定积分中值定理 $\int_{a}^{b} f(x)\mathrm{d}x=f(\xi)(b-a)$ 中 ξ 是 $[a,b]$ 上(　　).

(A) 任意一点　　(B) 必存在的某一点

(C) 唯一的某一点　　(D) 中点

(3) 已知 $f(x)$ 为偶函数且 $\int_{0}^{6} f(x)\mathrm{d}x=\frac{1}{2}$，则 $\int_{-6}^{6} f(x)\mathrm{d}x$ 等于(　　).

(A) 2　　(B) 4　　(C) 1　　(D) -1

3. 计算题：

(1) 已知 $f(x)=3-2\cos x$，求定积分 $\int_{-\pi}^{\pi} f(x)\mathrm{d}x$；

(2) 已知 $f(x)=2+3\sin x-2\cos x$，求定积分 $\int_{-\pi}^{\pi} f(x)\mathrm{d}x$.

5.3 牛顿-莱布尼茨公式

【帮你读书】

定理 如果函数 $F(x)$是连续函数 $f(x)$在区间$[a,b]$上的一个原函数，那么

$$\int_a^b f(x)\mathrm{d}x = F(b) - F(a).$$

证 已知函数 $F(x)$是连续函数 $f(x)$的一个原函数，又知道积分变上限函数

$$\Phi(x) = \int_a^x f(t)\mathrm{d}t$$

也是 $f(x)$的一个原函数，由原函数的性质得知，同一函数的两个不同原函数只相差一个常数，即

$$F(x) - \int_a^x f(t)\mathrm{d}t = C(a \leqslant x \leqslant b).$$

在上式中令 $x=a$，因为 $\Phi(a) = \int_a^a f(t)\mathrm{d}t=0$，得出 $C=F(a)$，于是得

$$F(x) - \int_a^x f(t)\mathrm{d}t = F(a).$$

在上式中令 $x=b$，移项，得

$$\int_a^b f(t)\mathrm{d}t = F(b) - F(a).$$

再把积分变量 t 换成 x，得

$$\int_a^b f(x)\mathrm{d}x = F(b) - F(a).$$

为了今后使用这个公式方便起见，把上式右端的 $F(b)-F(a)$记作 $F(x)\big|_a^b$ 或 $[F(x)]_a^b$，这样上式就可写成如下形式：

$$\int_a^b f(x)\mathrm{d}x = F(x)\big|_a^b = [F(x)]_a^b = F(b) - F(a).$$

上式称为牛顿-莱布尼茨公式，也称为微积分的基本公式.

【疑难解惑】

Q：牛顿-莱布尼茨公式有什么意义？

A：它的重要意义在于只要求得连续函数 $f(x)$ 在 $[a,b]$ 上的一个原函数，就可计算出它在这个区间上的定积分，它为定积分的计算提供了简便的方法.

Q：牛顿-莱布尼茨公式可以解决所有定积分的计算问题吗？

A：不可以，但是牛顿-莱布尼茨公式是定积分计算的最基本的方法.

【技能训练】

A 组

1. 填空题：

(1) $\int_0^1 \frac{1}{\sqrt{1-x^2}}\mathrm{d}x=$____________.

(2) $k\int(2x-3x^2)\mathrm{d}x=1(k>0)$，则 $k=$____________.

(3) 设 $f(x)=\begin{cases}\lg x, & x>0,\\ x+\int_0^a 3t^2\mathrm{d}t, & x\leqslant 0,\end{cases}$ 若 $f[f(1)]=1$，则 $a=$____________.

2. 选择题：

(1) 定积分 $\int_0^2 \mathrm{d}x$ 等于(　　).

(A) 0　　(B) 1　　(C) 2　　(D) 不存在

(2) 定积分 $\int_1^2 2x\mathrm{d}x$ 等于(　　).

(A) 0　　(B) 1　　(C) 2　　(D) 3

(3) 定积分 $\int_{-1}^1 (\sin x+1)\mathrm{d}x$ 的值等于(　　).

(A) 2　　(B) 0

(C) $2+2\cos 1$　　(D) $2-2\cos 1$

（4）定积分 $\int_{-1}^{e} \frac{1}{x}dx$ 的值等于（　　）.

（A）0　　（B）1　　（C）-1　　（D）e

3. 计算题：

（1）$\int_{0}^{\frac{\pi}{2}} \cos x dx$；

（2）$\int_{0}^{1} \frac{x^2}{x^2+1}dx$；

（3）$\int_{0}^{1}(3x^2+2x)dx$；

（4）$\int_{1}^{4}\sqrt{x}dx$；

（5）$\int_{0}^{1} e^x dx$；

（6）$\int_{0}^{3} 2x^2 dx$；

(7) $\int_{0}^{\frac{\pi}{2}} \sin 2x \mathrm{d}x$；　　　(8) $\int_{-\frac{1}{2}}^{0} (2x+1)^{99} \mathrm{d}x$.

B 组

1. 填空题：

(1) 定积分 $\int_{0}^{2} (\sqrt{4-x^2}-x)\mathrm{d}x=$____________.

(2) 已知 $f(x)=\int_{0}^{x}(2t-4)\mathrm{d}t$，则当 $x\in[-1,3]$时，$f(x)$的最小值为____________.

2. 选择题：

(1) 已知 $f(x)=2-|x|$，则 $\int_{-1}^{2} f(x)\mathrm{d}x=$(　　).

(A) 3　　(B) 4　　(C) 3.5　　(D) 4.5

(2) 设 $f(x)$为连续函数，且 $F(x)=\int_{\frac{1}{x}}^{\ln x} f(t)\mathrm{d}t$，则 $F'(x)$等于(　　).

(A) $\frac{1}{x}f(\ln x)+\frac{1}{x^2}f\left(\frac{1}{x}\right)$　　(B) $f(\ln x)+f\left(\frac{1}{x}\right)$

(C) $\frac{1}{x}f(\ln x)-\frac{1}{x^2}f\left(\frac{1}{x}\right)$　　(D) $f(\ln x)-f\left(\frac{1}{x}\right)$

(3) 已知 $f(x)=\begin{cases}\frac{1}{\sin^2 x}, & 0\leqslant x\leqslant b,\\ \frac{1}{\cos^2 x}, & b<x\leqslant\frac{\pi}{2}\end{cases}$ 且 $\int_{0}^{\frac{\pi}{2}} f(x)\mathrm{d}x=\frac{\pi}{4}$，则 b 等于(　　).

(A) $\frac{\pi}{2}$　　(B) $\frac{\pi}{3}$　　(C) $\frac{\pi}{4}$　　(D) $\frac{\pi}{6}$

3. 计算题：

(1) $\int_0^{\frac{\pi}{2}}\sin(2x+\pi)\mathrm{d}x$；

(2) $\int_1^{e}\frac{\ln x}{2x}\mathrm{d}x$；

(3) $\int_0^{2\pi}|\sin x|\mathrm{d}x$；

(4) $\int_0^{4}|x-2|\mathrm{d}x$.

5.4 定积分的换元积分法和分部积分法

【基本要求】

1. 掌握定积分的换元积分法和分部积分法.

2. 正确理解定积分计算时“换元同时换限”的思想.

【帮你读书】

定理 1 若函数 $f(x)$在区间$[a,b]$上连续，函数 $x=\varphi(t)$满足下列条件：

(1) $x=\varphi(t)$在$[\alpha,\beta]$上单调，且有连续导数；

(2) $\varphi(\alpha)=a,\varphi(\beta)=b$，且当 t 在以 α 和 β 为端点的闭区间$[\alpha,\beta]$($\alpha<\beta$)或$[\beta,\alpha]$($\beta<\alpha$)上变化时，$x=\varphi(t)$的值在区间$[a,b]$上变化.

则有换元公式：

$$\int_a^b f(x)\mathrm{d}x = \int_\alpha^\beta f[\varphi(t)]\varphi'(t)\mathrm{d}t.$$

注：应用定积分换元积分法时，要记住“换元必换限”，（原）上限对（新）上限，（原）下限对（新）下限.

定理 2　设函数 $u=u(x)$，$v=v(x)$ 在区间 $[a,b]$ 上有连续的导数，则有

$$\int_a^b u\mathrm{d}v = uv\big|_a^b - \int_a^b v\mathrm{d}u.$$

使用定积分的分部积分公式时，要把先积分出来的那一部分代入积分限求值，余下的部分继续积分.

【疑难解惑】

Q：对于积分区间为对称区间的定积分有没有简便算法？

A：若函数 $f(x)$ 在对称区间 $[-a,a]$ 上连续，可以证明

（1）$\int_{-a}^{a} f(x)\mathrm{d}x = \int_0^a [f(x)+f(-x)]\mathrm{d}x$；

（2）当 $f(x)$ 为偶函数时，则 $\int_{-a}^{a} f(x)\mathrm{d}x = 2\int_0^a f(x)\mathrm{d}x$；

（3）当 $f(x)$ 为奇函数时，则 $\int_{-a}^{a} f(x)\mathrm{d}x = 0$.

Q：运用分部积分法时，令哪部分为 u 更加方便呢？

A：下述几种类型的积分，均可用分部积分法求解，且 u，v 的设法有规律可循.

（1）$\int x^n e^{ax}\mathrm{d}x$，$\int x^n \sin ax\mathrm{d}x$，$\int x^n \cos ax\mathrm{d}x$，可设 $u = x^n$；

（2）$\int x^n \ln x\mathrm{d}x$，$\int x^n \arcsin x\mathrm{d}x$，$\int x^n \arctan x\mathrm{d}x$，可分别设 $u=\ln x$，$u=\arcsin x$，$u=\arctan x$；

（3）$\int e^{bx}\sin ax\mathrm{d}x$，$\int e^{bx}\cos ax\mathrm{d}x$，可分别设 $u=\sin ax$，$u=\cos ax$.

Q：运用定积分的换元积分法时，什么时候换积分限呢？

A：在定积分的换元积分法中，如果用新变量代换原来的积分变量，那么定积分的上、下限也要相应变换；如果不写出新变量，而是直接用凑微分的方法计算，那么定积分的上、下限不需要变换.

【技能训练】

A 组

1. 填空题：

(1) 若函数 $f(x)$ 在区间 $[-a,a]$ 上连续，则 $\int_{-a}^{a}[f(x)-f(-x)]\mathrm{d}x$ 等于____________.

(2) 定积分 $\int_{-\pi}^{\pi}\sin^{99}x\mathrm{d}x$ 等于____________.

(3) 定积分 $\int_{-a}^{a}(x\cos x-5\sin x+2)\mathrm{d}x$ 等于____________.

2. 选择题：

(1) 若函数 $f(x)$ 在区间 $(-\infty,+\infty)$ 上连续，且 $\int_{-a}^{a}f(x)\mathrm{d}x=2\int_{0}^{a}f(x)\mathrm{d}x$，则 $f(x)$ 必为(　　).

(A) 奇函数　　(B) 偶函数

(C) 非奇非偶函数　　(D) 无意义

(2) 若函数 $f(x)$ 在区间 $(-\infty,+\infty)$ 上连续，且 $\int_{-a}^{a}f(x)\mathrm{d}x=0$，则 $f(x)$ 必为(　　).

(A) 奇函数　　(B) 偶函数

(C) 非奇非偶函数　　(D) 无意义

(3) 定积分 $\int_{-6}^{6}\dfrac{x^3\sin^2 x}{x^4+2x^2+1}\mathrm{d}x$ 等于(　　).

(A) 0　　(B) 1　　(C) 6　　(D) -6

(4) 定积分 $\int_{-\frac{\pi}{2}}^{\frac{\pi}{2}}4\cos x\mathrm{d}x$ 的值等于(　　).

(A) 0　　(B) π　　(C) 4　　(D) 8

3. 计算题：

(1) $\int \sin x\cos^3 x\mathrm{d}x$；

(2) $\int_1^{\mathrm{e}} \frac{\ln^2 x}{x}\mathrm{d}x$；

(3) $\int_1^2 \frac{\sqrt{x-1}}{x}\mathrm{d}x$；

(4) $\int_1^4 \frac{1}{\sqrt{x}+1}\mathrm{d}x$；

(5) $\int_1^5 \ln x\mathrm{d}x$；

(6) $\int_0^{\pi} x\cos x\mathrm{d}x$.

B 组

1. 填空题：

(1) 定积分 $\int_0^1 x\mathrm{e}^x\mathrm{d}x=$____________.

(2) 定积分 $\int_0^1 x\mathrm{e}^{-x}\mathrm{d}x=$____________.

2. 选择题：

(1) 定积分 $\int_1^2\left(-\frac{1}{x^2}\right)e^{\frac{1}{x}}dx$ 的值等于(　　).

(A) $e^{\frac{1}{2}}$　　(B) $e^{\frac{1}{2}}-e$　　(C) 1　　(D) 不存在

(2) 定积分 $\int_{\frac{1}{e}}^{e^2}\frac{dx}{x\sqrt{1+\ln x}}$ 的值等于(　　).

(A) 1　　(B) e^2　　(C) $2(\sqrt{3}-1)$　　(D) e^2-1

(3) 定积分 $\int_1^2 x\log_2 x dx$ 等于(　　).

(A) $\left(\frac{x^2}{2}\log_2 x\right)\Big|_1^2-\frac{x^2}{4}\Big|_1^2$　　(B) $\left(\frac{x^2}{2}\log_2 x\right)\Big|_1^2-\left(\frac{\ln 2}{4}x^2\right)\Big|_1^2$

(C) $\left(\frac{x^2}{2}\log_2 x\right)\Big|_1^2-\frac{x^2}{\ln 2}\Big|_1^2$　　(D) $\left(\frac{x^2}{2}\log_2 x\right)\Big|_1^2-\frac{x^2}{4\ln 2}\Big|_1^2$

3. 计算题：

(1) $\int_{\frac{\pi}{4}}^{\frac{\pi}{2}}\sqrt{\cos x-\cos^3 x dx}$；　　(2) $\int_{\frac{1}{\sqrt{2}}}^{1}\frac{\sqrt{1-x^2}}{x^2}dx$；

(3) $\int_1^e \sin(\ln x)dx$；　　(4) $\int_0^{\pi}(x\sin x)^2\,dx$.

5.5　定积分的应用

【基本要求】

1. 会用定积分表示面积.

2. 了解 x 型区域和 y 型区域面积的求法.

【帮你读书】

1. 由定积分的几何意义，连续曲线 $f(x)$（$f(x)\geqslant 0$），x 轴及两条直线 $x=a,x=b$ 所围成的曲边梯形的面积 A 等于函数 $f(x)$ 在区间 $[a,b]$ 上的定积分（图 5.1），即

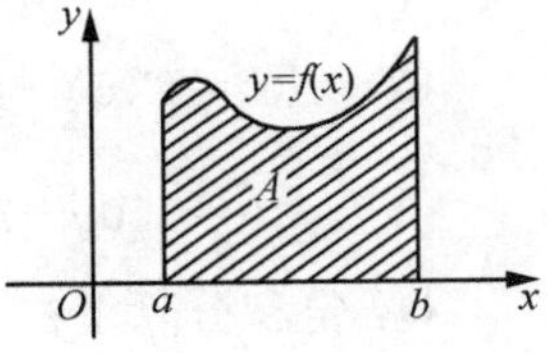

图 5.1

$$A=\int_a^b f(x)\mathrm{d}x.$$

2. 如果 $f(x)$ 在 $[a,b]$ 内有正有负（图 5.2），则

$$A=\int_a^b |f(x)|\mathrm{d}x=\int_a^c f(x)\mathrm{d}x-\int_c^d f(x)\mathrm{d}x+\int_d^e f(x)\mathrm{d}x-\int_e^b f(x)\mathrm{d}x.$$

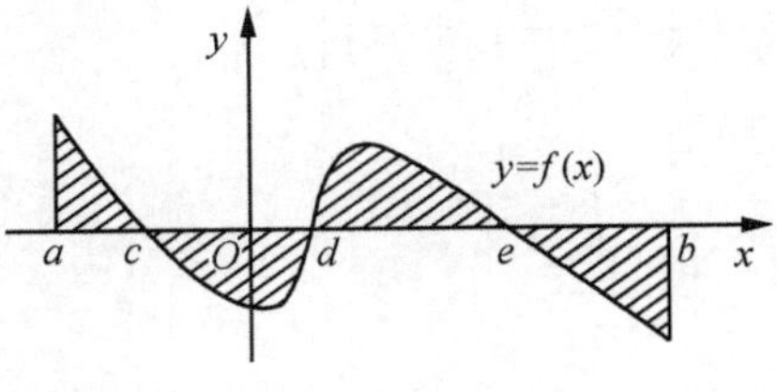

图 5.2

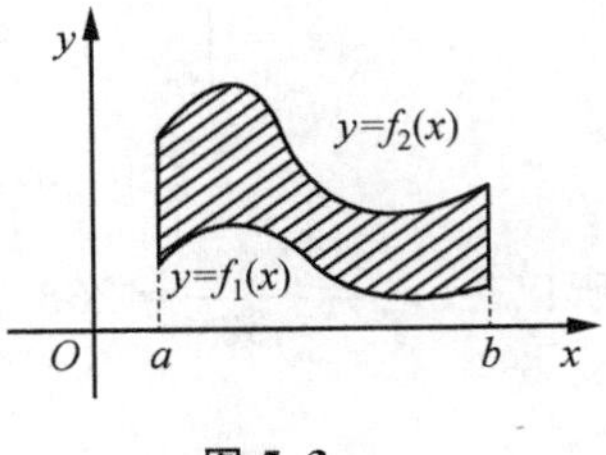

图 5.3

3. 由两条连续曲线 $y=f_1(x),y=f_2(x),f_1(x)\leqslant f_2(x)$ 以及直线 $x=a,x=b$ 所围平面图形（图 5.3）的面积为

$$A=\int_a^b [f_2(x)-f_1(x)]\mathrm{d}x.$$

4. 由曲线 $x=g_1(y)$，$x=g_2(y)$，$g_1(y)\leqslant g_2(y)$ 与直线 $y=c$，$y=d$ 所围平面图形(图 5.4)的面积为

$$A=\int_c^d[g_2(y)-g_1(y)]\mathrm{d}y.$$

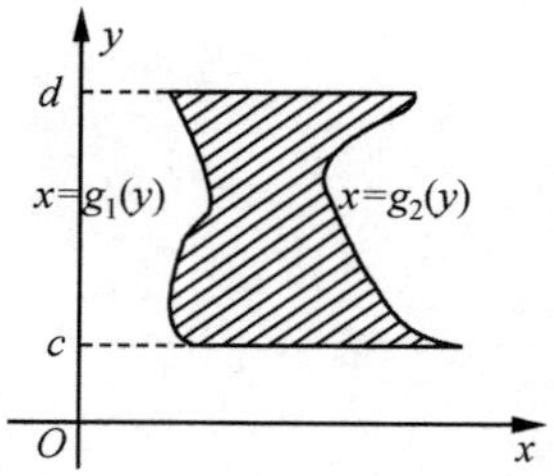

图 5.4

【疑难解惑】

Q：定积分在经济问题中有什么应用呢？

A：当已知边际函数或变化率，求总量函数或总量函数在某个范围内的总量时，经常应用定积分计算.

例 1 已知某工厂生产某产品的边际成本为

$$C'(q)=50+6q-1.2q^2(\text{百元/吨}),$$

试求产量从 1 吨增加到 5 吨时，总成本的增量.

解 $\Delta C=C(5)-C(1)=\int_1^5 C'(q)\mathrm{d}q=\int_1^5(50+6q-1.2q^2)\mathrm{d}q$

$$=(50q+3q^2-0.4q^3)\Big|_1^5=222.4(\text{百元}).$$

Q：定积分除了在几何学和经济学中可以应用，在其他学科也可以应用吗？

A：是的，定积分在日常生活及科学技术方面都有着广泛的应用.

例 2 一物体以 $v(t)=t^2-3t+8(\mathrm{m/s})$ 的速度运动，求该物体在前 30 s 内的平均速度.

解 由定积分的物理意义有

$$s=\int_0^{30}(t^2-3t+8)\mathrm{d}t=\left(\frac{1}{3}t^3-\frac{3}{2}t^2+8t\right)\Big|_0^{30}$$

$$=7\ 890(\mathrm{m}).$$

所以 $\overline{v}=\frac{s}{t}=\frac{7\ 890}{30}=263(\mathrm{m/s})$.

【技能训练】

A 组

1. 填空题：

(1) 定积分 $\int_a^b f(x)\mathrm{d}x$ 的几何意义是____________________________.

(2) 设 $f(x)$,$g(x)$在$[a,b]$上连续,则由 $y=f(x)$,$y=g(x)$和 $x=a$,$x=b$ 所围图形的面积 $A=$__________________.

(3) 计算 $y^2=2x$ 与 $y=x-4$ 所围图形的面积时,选用__________作积分变量比较方便.

2. 选择题：

(1) 由曲线 $y=x^2+2x$ 与直线 $y=x$ 所围成的封闭图形的面积为(　　).

(A) $\frac{1}{6}$　　(B) $\frac{1}{3}$　　(C) $\frac{5}{6}$　　(D) $\frac{2}{3}$

(2) 求曲线 $y=x^2$ 与 $y=x$ 所围图形的面积,其中正确的是(　　).

(A) $S=\int_0^1(x^2-x)\mathrm{d}x$　　(B) $S=\int_0^1(x-x^2)\mathrm{d}x$

(C) $S=\int_0^1(y^2-y)\mathrm{d}y$　　(D) $S=\int_0^1(y-\sqrt{y})\mathrm{d}y$

(3) 如图 5.5 所示,在一个边长为 1 的正方形 $AOBC$ 内,曲线 $y=x^2$ 和曲线 $y=\sqrt{x}$围成一个叶形图(阴影部分),向正方形 $AOBC$ 内随机投一点(该点落在正方形 $AOBC$ 内任何一点是等可能的),则所投的点落在叶形图内部的概率是(　　).

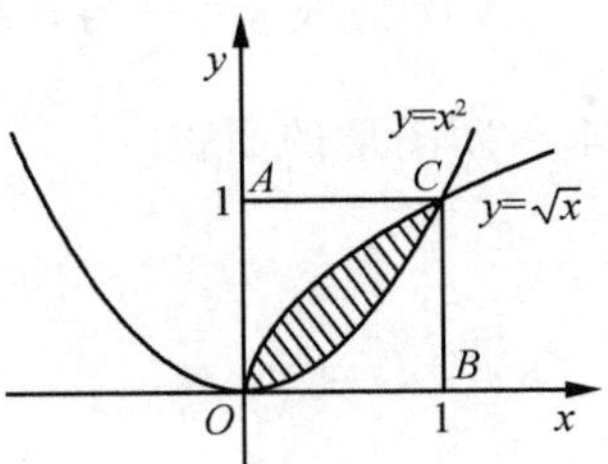

图 5.5

(A) $\frac{1}{2}$　　(B) $\frac{1}{6}$

(C) $\frac{1}{4}$　　(D) $\frac{1}{3}$

(4) 求曲线 $y=\frac{1}{x}$ 与 $y=x$,$x=2$ 所围平面图形的面积,其中正确的是(　　).

(A) $\int_1^2\left(\frac{1}{x}-x\right)\mathrm{d}x$

(B) $\int_1^2\left(x-\frac{1}{x}\right)\mathrm{d}x$

(C) $\int_1^2\left(2-\frac{1}{y}\right)\mathrm{d}y+\int_1^2(2-y)\mathrm{d}y$

(D) $\int_1^2\left(2-\frac{1}{x}\right)\mathrm{d}x+\int_1^2(2-x)\mathrm{d}x$

3. 计算题：

(1) 已知函数 $f(x)=-x^3+ax^2+bx(a,b\in\mathbf{R})$ 的图象如图 5.6 所示，它与 x 轴在原点处相切，且 x 轴与函数图象所围成区域（图中阴影部分）的面积为 $\frac{1}{12}$，求 a 和 b 的值.

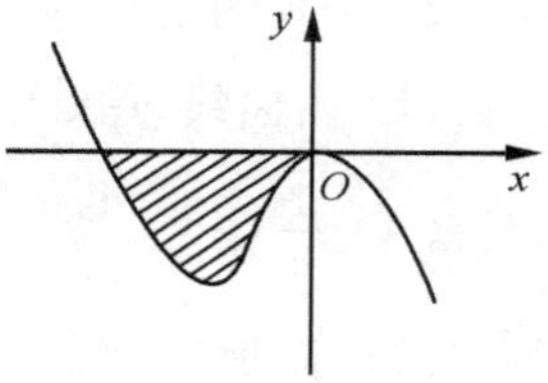

图 5.6

(2) 曲线 $y=\frac{2}{x}$ 与直线 $y=x-1$ 及 $x=4$ 所围成的封闭图形如图 5.7 所示，求封闭图形的面积.

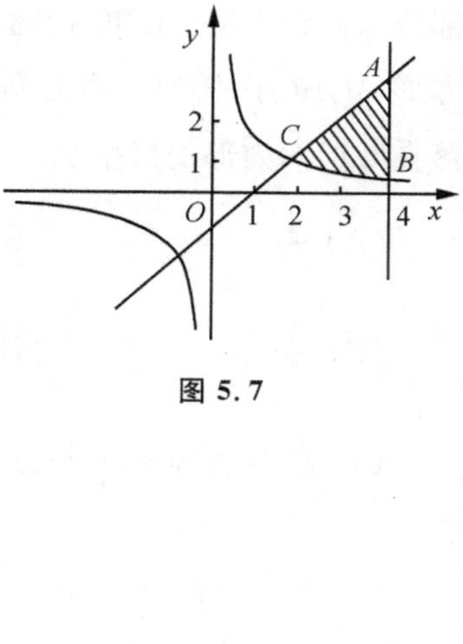

图 5.7

B 组

1. 填空题：

(1) 曲线 $y=\dfrac{1}{x}$ 与直线 $y=x$ 及 $x=2$，$y=0$ 所围成的封闭图形的面积为__________.

(2) 曲线 $y=e^x$，$y=e^{-x}$ 与直线 $x=1$ 所围成的封闭图形的面积为__________.

2. 选择题：

(1) 函数 $f(x)$ 满足 $f(0)=0$，其导函数 $f'(x)$ 的图象如图 5.8 所示，则 $f(x)$ 的图象与 x 轴所围成的封闭图形的面积为(　　).

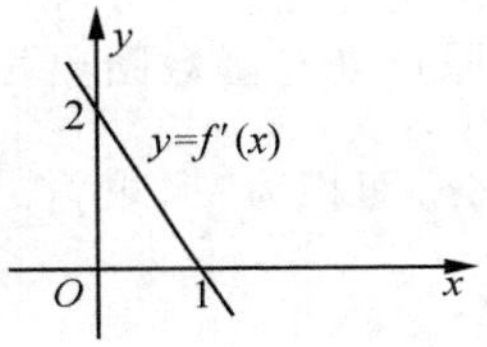

图 5.8

(A) $\dfrac{1}{3}$　　(B) 2

(C) $\dfrac{4}{3}$　　(D) $\dfrac{8}{3}$

(2) 求曲线 $r=2a\cos\theta$ 所围图形的面积，其中正确的是(　　).

(A) $\displaystyle\int_0^{\frac{\pi}{2}}\frac{1}{2}(2a\cos\theta)^2\mathrm{d}\theta$　　(B) $\displaystyle\int_{-\pi}^{\pi}\frac{1}{2}(2a\cos\theta)^2\mathrm{d}\theta$

(C) $\displaystyle\int_0^{2\pi}\frac{1}{2}(2a\cos\theta)^2\mathrm{d}\theta$　　(D) $\displaystyle 2\int_0^{2\pi}\frac{1}{2}(2a\cos\theta)^2\mathrm{d}\theta$

(3) 求曲线 $\begin{cases}x=\cos^3 t,\\ y=a\sin^3 t\end{cases}$ 所围图形的面积，其中正确的是(　　).

(A) $\dfrac{\pi}{8}a^2$　　(B) $\dfrac{\pi}{4}a^2$　　(C) $\dfrac{3\pi}{8}a^2$　　(D) $\dfrac{\pi}{2}a^2$

(4) 已知函数 $y=x^2$ 与 $y=kx(k>0)$ 的图象所围成的阴影部分的面积为 $\dfrac{9}{2}$，则 k 等于(　　).

(A) 0　　(B) 1　　(C) 2　　(D) 3

3. 计算题：

(1) 一物体在力 $F(x)=\begin{cases}10, & 0\leqslant x\leqslant 2,\\ 3x+4, & x>2\end{cases}$ (单位：N)的作用下，沿与力 F

相同的方向从 $x=0$ 处运动到 $x=4$(单位:m)处,求力 $F(x)$做的功.

(2) 已知函数 $f(x)=x^3+ax^2+bx+c$ 的图象如图 5.9 所示,直线 $y=0$ 在原点处与函数图象相切,且此切线与函数图象所围成的区域(图中 5.9 阴影部分)面积为$\frac{27}{4}$,求$f(x)$.

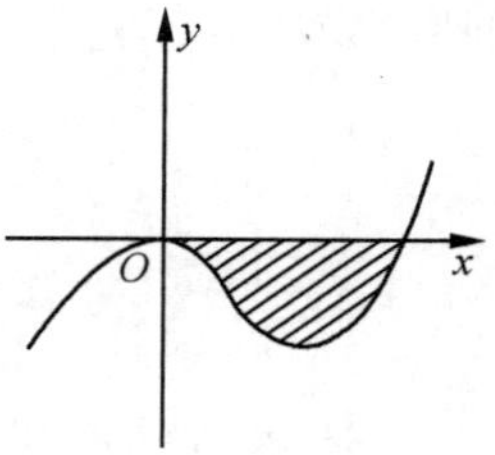

图 5.9

自测题

（90 分钟内完成）

一、选择题

1. 设函数 $f(x)=e^{2x}$，则 $\int f'(x)dx$ 等于（　　）.

(A) $\frac{1}{2}e^{2x}+C$　　(B) $2e^{2x}+C$

(C) $-e^{2x}+C$　　(D) $e^{2x}+C$

2. 下列各组函数为同一函数的原函数的是（　　）.

(A) $\ln x$ 与 $3\ln x$　　(B) $\ln x$ 与 $\ln 3x$

(C) $\arcsin x$ 与 $\arccos x$　　(D) $e^{x}+e^{-x}$ 与 $e^{x}-e^{-x}$

3. 下列等式正确的是（　　）.

(A) $d\int f(x)dx = f(x)$　　(B) $\frac{d}{dx}\int f(x)dx=f(x)dx$

(C) $\frac{d}{dx}\int f(x)dx=f(x)+C$　　(D) $d\int f(x)dx=f(x)dx$

4. 下列等式正确的是（　　）.

(A) $\sin 2x dx=-d(\cos 2x)$　　(B) $\frac{dx}{1+x^2}=d(\tan x)$

(C) $\frac{1}{2\sqrt{x}}dx=d(\sqrt{x})$　　(D) $\ln x dx=d\left(\frac{1}{x}\right)$

5. 下列定积分等于零的是（　　）.

(A) $\int_{-1}^{1} x^2\cos x dx$　　(B) $\int_{-1}^{1} x\sin^2 x dx$

(C) $\int_{-1}^{1}(x^3+\cos x)dx$　　(D) $\int_{-1}^{1}(e^x+x)dx$

6. 下列式子正确的是（　　）.

(A) $\int_0^1 x dx<\int_0^1 x^2 dx$　　(B) $\int_1^2 e^x dx<\int_1^2 e^{x^2} dx$

(C) $\int_1^2 \ln x\mathrm{d}x > \int_1^2 \ln^2 x\mathrm{d}x$ (D) $\int_{\mathrm{e}}^3 \ln x\mathrm{d}x > \int_{\mathrm{e}}^3 \ln^2 x\mathrm{d}x$

7. $\lim\limits_{x\to 0}\dfrac{\int_0^x \sin t\mathrm{d}t}{\int_0^x t\mathrm{d}t} =$ ( ).

(A) -1 (B) 0 (C) 1 (D) 2

二、填空题

1. 函数 $f(x)=\mathrm{e}^{2x}$ 的一个原函数为__________.

2. 设 x^2 是函数 $f(x)$ 的一个原函数，则 $f(x)=$__________.

3. 经过点(1,0)且切线斜率为 $3x^2$ 的曲线方程是__________.

4. $\int \dfrac{1}{1+\mathrm{e}^{2x}}\mathrm{d}(\mathrm{e}^x) =$ __________.

5. $\dfrac{\mathrm{d}}{\mathrm{d}x}\int_a^b \sqrt{1+x^2}\mathrm{d}x =$ __________.

6. $\int_{-\pi}^{\pi} x\cos x\mathrm{d}x=$__________.

7. 设 $f'(x)$ 连续，则 $\int_a^b f'(2x)\mathrm{d}x=$__________.

三、解答题

1. 求下列积分：

(1) $\int \dfrac{\sqrt{x}+5\sqrt[3]{x}-1}{\sqrt{x}}\mathrm{d}x$； (2) $\int x\sqrt{x^2-2}\mathrm{d}x$；

(3) $\int \cot x\mathrm{d}x$； (4) $\int_1^{\mathrm{e}} \ln x\mathrm{d}x$；

(5) $\int_0^9 \frac{1}{1+\sqrt{x}}\mathrm{d}x$；　　　(6) $\int \mathrm{e}^{\sqrt{x}}\mathrm{d}x$.

2. 求由曲线 $y=\frac{1}{x}$, $y=x$ 及 $x=2$ 所围成的平面图形的面积.

3. 已知某产品的边际成本 $C'(q)=3+q$(万元/百台)，边际收益 $R'(q)=9-q$(万元/百台)，试求产量 q 从 100 台增加到 300 台时，总利润增加多少万元.

4. 证明：$\int_x^1 \frac{1}{1+x^2}\mathrm{d}x=\int_1^{\frac{1}{x}} \frac{1}{1+x^2}\mathrm{d}x\ (x>0)$.

参考答案

第1章 函 数

1.1 函数的概念

A组

1. (1) 1;(2) $(1,2)\cup(2,4]$;(3) $[-2,3]$;(4) $(-\infty,-1)\cup(-1,+\infty)$.

2. (1) C;(2) C.

3. (1) $\left(-\frac{8}{5},+\infty\right)$;(2) $(-\infty,-2)\cup(-2,2)\cup(2,+\infty)$;(3) $[-3,0)\cup(0,3]$;(4) $(-\sqrt{3},\sqrt{3})$;(5) $[0,+\infty)$;(6) $\left\{x \middle| x\neq k\pi+\frac{\pi}{2}-1\right\}(k\in\mathbf{Z})$;(7) $[1,3]$;(8) $(-\infty,0)\cup(0,5]$;(9) $(-2,+\infty)$;(10) $(-\infty,0)\cup(0,+\infty)$.

4. (1) 不相同,理由略;(2) 不相同,理由略;(3) 相同,理由略.

B组

1. $\frac{1}{x^2}-1$.　**2.** $\frac{x-1}{x},x,\frac{1}{x}$.　**3.** $\frac{x^2}{4}-1+\sin\frac{x+2}{2}$.

1.2 初等函数

A组

1. (1) $y=\tan u,u=3x^2+2$;(2) $y=3^u,u=\cos v,v=2x$;(3) $y=\mathrm{e}^{\sin(3+x)}$.

2. (1) C;(2) A.

3. (1) $y=\sin^2 x$;(2) $y=\cos 2x$;(3) $y=\sqrt{1+x^2}$;(4) $y=\mathrm{e}^{x^2}$;(5) $y=\mathrm{e}^{2x}$.

4. (1) $y=\lg u,u=\sin v,v=x^2$;(2) $y=\mathrm{e}^u,u=\sqrt{v},v=1+\sin x$;(3) $y=\arccos u,u=\sqrt{v}$,

$v=\ln w, w=x^2-1$.

B 组

1. B.

2. (1) $[-1,1]$. (2) $\left[2k\pi-\frac{\pi}{2}, 2k\pi+\frac{\pi}{2}\right](k\in\mathbf{Z})$. (3) $[-a,1-a]$. (4) 当 $0<a\leqslant\frac{1}{2}$ 时，$x\in[a,1-a]$；当 $a>\frac{1}{2}$ 时，$x\in\varnothing$.

1.3 常见经济函数

A 组

1. $q=6\,000-8p$. **2.** $s=-13\,000+4\,000p$. **3.** (1) $C=180+2q$；(2) 180 元，2 元.

4. 400 只.

B 组

1. $p_0=4$. **2.** $R(q)=\begin{cases}130q, & 0<q\leqslant 700,\\ 91\,000+117(q-700), & 700<q\leqslant 1\,000.\end{cases}$

1.4 函数的极限

A 组

1. 将数列 $\left\{\left(1+\frac{1}{n}\right)^n\right\}$ 取值计算，列出下表：

n	$\left(1+\frac{1}{n}\right)^n$
1	2.000 000
10	2.593 742
10^2	2.704 814
10^3	2.716 924
10^4	2.718 146
10^5	2.718 268
10^6	2.718 280

由表可以看出，该数列是单调增加的. 若再仔细分析表中的数值会发现，随着 n 的增大，数列后项与前项的差值在减少，而且减少得相当快. 这表明，当 n 无限增大时，数列的通项 $y_n=\left(1+\frac{1}{n}\right)^n$ 将趋于一个常数. 可以推出，该数列 $\left\{\left(1+\frac{1}{n}\right)^n\right\}$ 有极限，且其极限为 e，即

$\lim\limits_{n\to\infty}\left(1+\dfrac{1}{n}\right)^n=\mathrm{e}$.

注意:数列极限$\lim\limits_{n\to\infty}\left(1+\dfrac{1}{n}\right)^n=\mathrm{e}$改为$\lim\limits_{x\to\infty}\left(1+\dfrac{1}{x}\right)^x=\mathrm{e}$,结论也成立.

2. 指数函数 $y=\mathrm{e}^x$ 的图形如图所示.由图形易看出,$\lim\limits_{x\to-\infty}\mathrm{e}^x=0$,$\lim\limits_{x\to+\infty}\mathrm{e}^x=+\infty$,由极限存在的充要条件知$\lim\limits_{x\to\infty}\mathrm{e}^x$不存在.

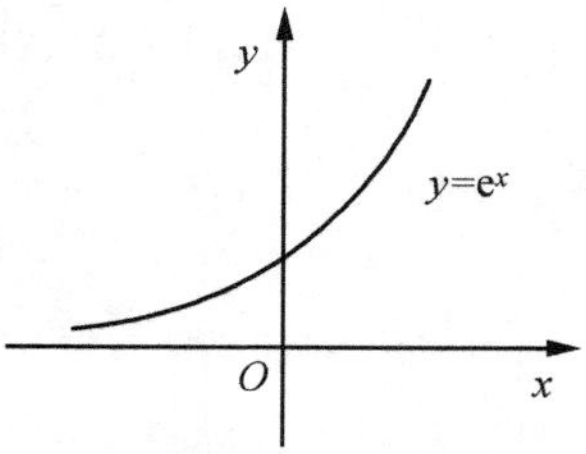

观察图形,$\lim\limits_{x\to-\infty}\mathrm{e}^x=0$表明,曲线 $y=\mathrm{e}^x$ 沿着 x 轴的负向无限延伸时,以直线 $y=0$ 为水平渐近线.

3. 首先明确,虽然函数 $f(x)$在 $x=1$ 处没有定义,但这不是求 $x=1$ 时函数 $f(x)$的函数值.当 $x\to1$ 时函数 $f(x)$的变化情况,与函数 $f(x)$在 $x=1$ 处有没有定义及有定义时其值是什么都毫无关系.其次,$x\to1$ 是 x 无限接近 1,但 x 始终不取 1.当 $x\neq1$ 时,

$$f(x)=\frac{x^2-1}{x-1}=\frac{(x-1)(x+1)}{x-1}=x+1.$$

当 $x\to1$ 时,相应的函数值的变化情况见下表:

x	0	0.5	0.8	0.9	0.99	0.999	0.999 9	0.999 99	0.999 999	…
$f(x)$	1	1.5	1.8	1.9	1.99	1.999	1.999 9	1.999 99	1.999 999	…
x	2	1.5	1.2	1.1	1.01	1.001	1.000 1	1.000 01	1.000 001	…
$f(x)$	3	2.5	2.2	2.1	2.01	2.001	2.000 1	2.000 01	2.000 001	…

从表中可以看出,当 $x<1$ 越来越接近 1 和 $x>1$ 越来越接近 1 时,相应的函数值越来越接近 2.可以想到,当 x 无限接近 1 时,函数 $f(x)$相应的函数值无限接近 2.或者,画出函数图形,如图所示,由函数图形也可以观察到,对在 $x=1$ 处断开的直线 $y=\dfrac{x^2-1}{x-1}$ 上的动点 $M(x,f(x))$,当其横坐标无限接近 1,即 $x\to1$ 时,动点 M 将无限接近定点 $M(1,2)$,即 $f(x)\to2$.

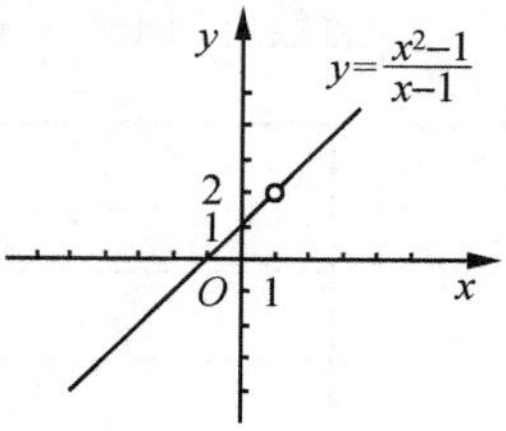

这种情况,就称当 $x\to1$ 时,函数 $f(x)=\dfrac{x^2-1}{x-1}$以 2 为极限,并记作

$$\lim_{x\to1}\frac{x^2-1}{x-1}=\lim_{x\to1}(x+1)=2.$$

4. 画出函数的图形，如下图所示：

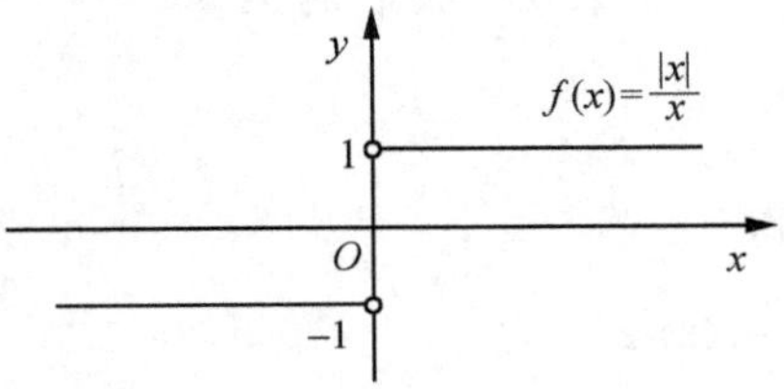

由图可看出

$$\lim_{x\to0^-}f(x)=\lim_{x\to0^-}\frac{-x}{x}=-1,\ \lim_{x\to0^+}f(x)=\lim_{x\to0^+}\frac{x}{x}=1.$$

在 $x=0$ 处，函数 $f(x)$ 的左、右极限都存在，但不相等，故 $\lim\limits_{x\to0}f(x)$ 不存在.

5. 由图可看出，当 $x\to0^+$ 时，$y=\ln x$ 取负值，且其绝对值无限增大，即当 $x\to0^+$ 时，$y=\ln x$ 的极限不存在. 但由于当 $x\to0^+$ 时，$\ln x$ 有确定的变化趋势，这时也称当 $x\to0^+$ 时，$y=\ln x$ 的极限是负无穷大，并记作

$$\lim_{x\to0^+}\ln x=-\infty.$$

上式的几何意义：曲线 $y=\ln x$ 在 $x=0$ 的右侧沿着 y 轴的负方向无限延伸时，与直线 $x=0$ 越来越接近. 通常称直线 $x=0$ 是曲线 $y=\ln x$ 的铅垂渐近线(因直线 $x=0$ 垂直于 x 轴).

一般地，对曲线 $y=f(x)$，若 $\lim\limits_{x\to x_0^-}f(x)=\infty$ 或 $\lim\limits_{x\to x_0^+}f(x)=\infty$，则直线 $x=x_0$ 是曲线 $y=f(x)$ 的铅垂渐近线.

6. 因为 $\left|\sin\frac{1}{x}\right|\leqslant1$，所以 $\sin\frac{1}{x}$ 是有界函数. 又当 $x\to0$ 时，x^2 是无穷小量，即得 $\lim\limits_{x\to0}x^2\sin\frac{1}{x}=0$.

7. (1) 因为 $\lim\limits_{x\to\infty}\frac{1}{x-1}=0$，所以当 $x\to\infty$ 时，$\frac{1}{x-1}$ 为无穷小量.

又因为 $\lim\limits_{x\to1}(x-1)=0$，即 $x\to1$ 时，$x-1$ 为无穷小量，所以当 $x\to1$ 时，$\frac{1}{x-1}$ 为无穷大量.

(2) 因为 $\lim\limits_{x\to-\frac{1}{4}}(4x+1)=0$，所以当 $x\to-\frac{1}{4}$ 时，$4x+1$ 为无穷小量.

又因为 $\lim\limits_{x\to\infty}(4x+1)=\infty$，所以当 $x\to\infty$ 时，$4x+1$ 为无穷大量.

(3) 因为 $\lim\limits_{x\to1}\ln x=0$，所以当 $x\to1$ 时，$\ln x$ 为无穷小量.

又因为 $\lim\limits_{x\to0^+}\ln x=-\infty$，$\lim\limits_{x\to+\infty}\ln x=+\infty$，所以当 $x\to0^+$ 及 $x\to+\infty$ 时，$\ln x$ 都是无穷大量.

B 组

1. (1) C；(2) B；(3) A；(4) D；(5) D；(6) D.

2. (1) 极限；(2) 1.

1.5 极限的运算

A 组

1. (1) A;(2) B;(3) B.

2. (1) 0,1,1,0;(2) $\frac{3}{2}$;(3) 2.

3. (1) 17;(2) 3;(3) −5; (4) −2;(5) 3;(6) e^2;(7) e^{-1};(8) 12;(9) ∞;(10) 3;(11) e^{-3};(12) $\frac{4}{3}$;(13) 0;(14) 0.

B 组

1. (1) A;(2) A;(3) B.

2. (1) 3;(2) e^2;(3) 0,8.

3. (1) $\frac{3}{2}$;(2) −3;(3) e;(4) 1;(5) 0;(6) e^{-5};(7) 0;(8) $\frac{1}{2}x^{-\frac{1}{2}}$;(9) $e^{-\frac{4}{3}}$;(10) 0;(11) $\frac{1}{2}$;(12) 8;(13) e^{-1};(14) $\frac{1}{2}$.

1.6 函数的连续性

A 组

1. (1) C;(2) B;(3) C;(4) B;(5) B;(6) D.

2. $\lim\limits_{x\to 0}f(x)=\lim\limits_{x\to 0}\frac{\sin 2x}{x}=2$,$f(0)=b+0=b$,因为 $f(x)$在 $x=0$ 处连续,所以 $b=2$.

B 组

1. (1) D;(2) D;(3) D;(4) B.

2. (1) 0;(2) 0.

3. $\lim\limits_{x\to 0^-}f(x)=\lim\limits_{x\to 0^-}e^x=1$,$\lim\limits_{x\to 0^+}f(x)=\lim\limits_{x\to 0^+}(x+a)=a$,$f(0)=a$,所以当 $\lim\limits_{x\to 0^-}f(x)=\lim\limits_{x\to 0^+}f(x)=f(0)$,即 $a=1$ 时,$f(x)$在 $x=0$ 处连续.

自测题

一、选择题

1. C. **2.** D. **3.** A. **4.** B. **5.** D. **6.** B. **7.** D. **8.** D.

二、填空题

1. $y=\ln u, u=v^2, v=\sin x$. **2.** 0,8. **3.** 0. **4.** 2. **5.** 2.

三、解答题

1. (1) 0；(2) $\frac{3}{2}x^{-\frac{1}{2}}$；(3) $\frac{1}{3}$；(4) $\begin{cases}1, & k=2,\\ 0, & k<2,\\ \infty, & k>2;\end{cases}$ (5) e^{-k}；(6) 0.

2. $\lim\limits_{x\to 0}f(x)=\lim\limits_{x\to 0}\frac{\sin 2x}{x}=2$，$f(0)=b+0=b$，因为 $f(x)$ 在 $x=0$ 处连续，所以 $b=2$.

3. 令 $f(x)=a\sin x-x+b(a>0,b>0)$，则 $f(0)=b>0$，$f(a+b)=a\sin(a+b)-a=a[\sin(a+b)-1]<0$，所以，由零点定理知命题成立.

第 2 章　导数与微分

2.1　导数的概念

A 组

1. (1) B；(2) C；(3) A；(4) B；(5)D；(6) B.

2. (1) $y=2(x-x_0)+f(x_0)$，$y=-\frac{1}{2}(x-x_0)+f(x_0)$；(2) $-\frac{1}{2}$.

B 组

1. (1) B；(2) D；(3) C；(4) D；(5) A；(6) A；(7) C.

2. (1) $-\frac{\sqrt{3}}{3}$；(2) $y=x-\frac{1}{2}$.

2.2　导数的四则运算

A 组

1. 易知

$$(3x^4)'=3(x^4)',(5\cos x)'=5(\cos x)',$$

又

$$(x^4)'=4x^3,(\cos x)'=-\sin x,(e^x)'=e^x,(1)'=0,$$

故

$$\begin{aligned}f'(x)&=(3x^4-e^x+5\cos x-1)'\\&=(3x^4)'-(e^x)'+(5\cos x)'-(1)'\\&=12x^3-e^x-5\sin x.\end{aligned}$$

$$f'(0)=(12x^3-e^x-5\sin x)|_{x=0}=-1.$$

2. 根据乘法公式，有

$$y'=(x^2\sin x)'=(x^2)'\sin x+x^2(\sin x)'$$

$$=2x\sin x+x^2\cos x.$$

3. 根据除法公式,有

$$y'=\left(\frac{x^2-x+2}{x+3}\right)'=\frac{(x^2-x+2)'(x+3)-(x^2-x+2)(x+3)'}{(x+3)^2}$$

$$=\frac{(2x-1)(x+3)-(x^2-x+2)}{(x+3)^2}$$

$$=\frac{x^2+6x-5}{(x+3)^2}.$$

B 组

1. B. **2.** (1) -1;(2) $-\frac{1}{6}$. **3.** (1) $(x+1)e^x$;(2) $(\sin x+\cos x)e^x$.

2.3 复合函数的求导法则

A 组

1. (1) 把 $2x+1$ 看成中间变量 u,将 $y=(2x+1)^3$ 看成由 $y=u^3$,$u=2x+1$ 复合而成.由于

$$y'_u=(u^3)'=3u^2,u'_x=(2x+1)'=2,$$

所以

$$y'_x=y'_u\cdot u'_x=3u^2\cdot 2=6(2x+1)^2.$$

(2) 将 $y=\sin^2 x$ 看成是由 $y=u^2$,$u=\sin x$ 复合而成,而

$$y'_u=(u^2)'=2u,u'_x=(\sin x)'=\cos x,$$

所以

$$y'_x=y'_u\cdot u'_x=2u\cdot\cos x=2\sin x\cos x=\sin 2x.$$

(3) $y=e^{x+2}$ 可以看成是由 $y=e^u$,$u=x+2$ 复合而成,所以

$$y'_x=y'_u\cdot u'_x=(e^u)'_u\cdot(x+2)'_x=e^u\cdot 1=e^{x+2}.$$

对复合函数求导过程熟练后,求导时中间变量可以不必写出,只要分析清楚复合关系,做到心中有数,就可直接写出复合函数对自变量的导数.

(4) 将中间变量 $u=2x$ 记在脑子中,在心中算出 $y'_u=(\sin u)'=\cos u=\cos 2x$.

这样可以直接写出下式

$$y'=\cos 2x\cdot(2x)'_x=2\cos 2x.$$

(5) $y'=\frac{1}{\sqrt{1-x^4}}\cdot(x^2)'_x=\frac{2x}{\sqrt{1-x^4}}$.

(6) $y'=\frac{1}{\sin\sqrt{x}}\cdot(\sin\sqrt{x})'_x=\frac{1}{\sin\sqrt{x}}\cdot\cos\sqrt{x}(\sqrt{x})'_x=\frac{1}{2\sqrt{x}}\cdot\cot\sqrt{x}$.

B 组

1. (1) D;(2) B;(3) B;(4) C.

2. (1) $-\sqrt{3}$;(2) $2\cot x, 2\sqrt{3}$;(3) $-\csc^2 x, -4$.

3. (1) $y'=2x\cot x^2$;(2) $y'=-(3\sin 3x+\ln 3\cdot\cos 3x)\cdot 3^{-x}$;

(3) $y'=\dfrac{\cos x(x^{10}-1)-10x^9\sin x}{(x^{10}-1)^2}$;(4) $y'=\dfrac{1}{\sqrt{x^2+a^2}}$;(5) $y'=\dfrac{1}{\sqrt{x^2-a^2}}$.

2.4 高阶导数

A 组

1. $y'=2ax+b, y''=2a$.

2. $y'=e^x, y''=e^x, \cdots, y^{(n)}=e^x$.

3. $\dfrac{dy}{dx}=\cos x=\sin\left(x+\dfrac{\pi}{2}\right), \dfrac{d^2y}{dx^2}=\cos\left(x+\dfrac{\pi}{2}\right)=\sin\left(x+2\cdot\dfrac{\pi}{2}\right), \dfrac{d^3y}{dx^3}=\cos\left(x+2\cdot\dfrac{\pi}{2}\right)=\sin\left(x+3\cdot\dfrac{\pi}{2}\right), \cdots, \dfrac{d^ny}{dx^n}=\sin\left(x+n\cdot\dfrac{\pi}{2}\right)$. 同理可得 $(\cos x)^{(n)}=\cos\left(x+n\cdot\dfrac{\pi}{2}\right)$.

B 组

1. D.　**2.** (1) $(\sin^2 x-\cos x)e^{\cos x}$;(2) $(\cos x-\sin x)e^{\cos x}$;(3) 0;(4) $4+4xe^{2x}$;(5) $6+9xe^{2x}$;(6) $2-\sin x$.

2.5 微　分

A 组

1. $\Delta y=(1+\Delta x)^3-1=3\Delta x+3(\Delta x)^2+(\Delta x)^3$.

上式可以看成由两部分组成,第一部分具有 $A\Delta x$ 形式的是 $3\Delta x$,第二部分 α 是 $3(\Delta x)^2+(\Delta x)^3$,它是 Δx 的高阶无穷小量,这是因为

$$\lim_{\Delta x\to 0}\frac{\alpha}{\Delta x}=\lim_{\Delta x\to 0}\frac{3\Delta x^2+(\Delta x^3)}{\Delta x}=\lim_{\Delta x\to 0}[3\Delta x+(\Delta x)^2]=0.$$

所以函数 $y=x^3$ 在 $x=1, \Delta x=0.1$ 时的微分是

$$dy=3\Delta x=0.3,$$

函数增量
$$\Delta y=3\Delta x+3(\Delta x)^2+(\Delta x)^3=0.331.$$

为了方便起见,把自变量的增量 Δx 写成 dx,即 $\Delta x=dx$,从而 $dy=Adx$.

2. 因为 $y'=e^x$,所以 $dy=e^x dx, dy|_{x=0}=e^x dx|_{x=0}=dx$.

3. (1) $dy=d(3x^2-\ln x)=3d(x^2)-d(\ln x)=\left(6x-\dfrac{1}{x}\right)dx$;(2) $dy=d(x\cos x)=$

$x\mathrm{d}(\cos x)+\cos x\mathrm{d}x=(\cos x-x\sin x)\mathrm{d}x$；(3) $\mathrm{d}y=\mathrm{d}\left(\frac{\sin x}{x}\right)=\frac{x\mathrm{d}(\sin x)-\sin x\mathrm{d}x}{x^2}=\frac{x\cos x\mathrm{d}x-\sin x\mathrm{d}x}{x^2}=\frac{x\cos x-\sin x}{x^2}\mathrm{d}x$；(4) 利用微分形式不变，有 $\mathrm{d}y=\cos 2x\mathrm{d}(2x)=2\cos 2x\mathrm{d}x$；(5) $\mathrm{d}y=\mathrm{d}(\arctan\sqrt{x})=\frac{1}{1+(\sqrt{x})^2}\mathrm{d}(\sqrt{x})=\frac{1}{2\sqrt{x}(1+x)}\mathrm{d}x$.

B 组

1. (1) B；(2) B；(3) C.　**2.** (1) 0.020 1，$2x\mathrm{d}x$；(2) $-\mathrm{e}^{-x}\mathrm{d}x$；(3) $\frac{1}{3}\sec 3x$，$\frac{x}{\sqrt{x^2+1}}$.

3. 令 $x_0=100$，$\Delta x=0.05$，因为 Δx 相对于 x_0 较小，可用近似公式来求值. $f(x_0+\Delta x)\approx f(x_0)+f'(x_0)\Delta x=(10+0.4\times100+0.01\times\sqrt{100})+(10+0.4x+0.01\sqrt{x})'\big|_{x=100}\cdot\Delta x=50.1+\left(0.4+\frac{0.01}{2\sqrt{x}}\right)\bigg|_{x=100}\times0.05=50.120\ 025$(亿元).

自测题

一、选择题

1. C.　**2.** B.　**3.** C.　**4.** B.　**5.** A.　**6.** B.　**7.** B.

二、填空题

1. 0.　**2.** 24.　**3.** $-\frac{1}{1+x^2}$，$\frac{2x}{(1+x^2)^2}$.　**4.** $\varphi'(x)f'[\varphi(x)]$.　**5.** -2.

三、解答题

1. (1) $y'=10x-\frac{9}{x^4}-2^x\ln2-4\sin x$；(2) $y'=-\frac{1}{x}\sin(\ln x)$；(3) $y'=\frac{1}{x\ln x[\ln(\ln x)]}$；(4) $y'=\mathrm{e}^x\cos x[\cos(\sin x)-\sin(\sin x)]$.

2. (1) $y''=2\arctan x+\frac{2x}{1+x^2}$；(2) $y''=2\ln x+2$.

3. $\frac{4}{3}$.

4. (1) $\mathrm{d}y=\frac{1}{\sqrt{a^2-x^2}}\mathrm{d}x$；(2) $\mathrm{d}y=-\frac{1}{1-x^2}\mathrm{d}x$.

第3章　导数的应用

3.1　函数的单调性、极值和最值

A组

1. (1) A;(2) A;(3) A;(4) B;(5) A;(6) C;(7) C;(8) C.　**2.** 4.

3. 在$(0,+\infty)$内单调增加,在$(-1,0)$内单调减少.

B组

1. (1) B;(2) B;(3) C;(4) B;(5) B;(6) A;(7) D;(8) A;(9) D.　**2.** 0.

3. 单调递增区间为$\left(-\infty,-\frac{1}{3}\right)$,$(1,+\infty)$,单调递减区间为$\left(-\frac{1}{3},1\right)$,极大值$y\big|_{x=-\frac{1}{3}}=\frac{32}{27}$,极小值$y\big|_{x=1}=0$.

4. (1) $f(x)$的定义域为$(-\infty,+\infty)$.

(2) $f'(x)=\begin{cases}\frac{2}{3}\cdot\frac{2(x-1)}{\sqrt[3]{(x^2-2x)^2}}, & x\in(0,3),x\neq 2,\\ \text{不存在}, & x=2.\end{cases}$

(3) 令$f'(x)=0$,解之得驻点为$x=1$.

(4) 驻点和一阶导数不存在的点处的函数值分别为$f(1)=1$,$f(2)=0$,区间端点的函数值分别为$f(0)=0$,$f(3)=\sqrt[3]{9}$.

(5) 比较大小,$f(x)$在$[0,3]$上的最大值为$f(3)=\sqrt[3]{9}$,最小值为$f(0)=f(2)=0$.

5. $h=r=\sqrt[3]{\frac{V}{\pi}}$时,材料最省.

6. 矩形土地长为18 m,宽为12 m时,所用材料最省.

3.2　导数在经济中的应用

A组

1. (1) D;(2) A.

2. (1) $Q(p)=S(p)$,$L(q)=0$;(2) 7,$12-0.02q$,$5-0.02q$,250.

3. $R(p)=400p-2p^2$,$L(p)=-2p^2+600p-40\ 000$.

B组

1. C.　**2.** (1) $-2\ln 2p$;(2) kx;(3) 401元/件.

3. 平均成本函数是$\overline{C}(q)=\dfrac{C(q)}{q}=\dfrac{54}{q}+18+6q$,则

$$\overline{C}'(q)=-\frac{54}{q^2}+6,\overline{C}''(q)=\frac{108}{q^3}>0.$$

令$\overline{C}'(q)=0$得$q=3$,且驻点唯一.

故$q=3$是$\overline{C}(q)$在$(0,+\infty)$内的唯一的极小值点.

若$q=3$件时,平均成本达到最小,且最小平均成本为$\overline{C}(3)=54$(元/件).

而边际成本函数为$C'(q)=18+12q$.

故$q=3$时,相应的边际成本为$C'(3)=54$(元/件).

4. (1) 当该商品的销售量为q时,商品销售总收入为$R=pq=7q-0.2q^2$.

设政府征的总税额为T,则有$T=tq$,且利润函数为

$$L=R-T-C=-0.2q^2+(4-t)q-1.$$

由$L'(q)=-0.4q+4-t=0$,得驻点$q=\dfrac{5}{2}(4-t)$.

而$L''(q)=-0.4<0$,且驻点唯一.

故$L(q)$在$q=\dfrac{5}{2}(4-t)$时取得最大值,即$q=\dfrac{5}{2}(4-t)$是使商家获得最大利润的销售量.

(2) 由(1)的结果知,政府税收总额为$T=tq=\dfrac{5}{2}(4-t)t=10-\dfrac{5}{2}(t-2)^2$,显然当$t=2$时,政府税收总额最大.但须指出的是:为了使商家在纳税的情况下仍能获得最大利润,就应使$q=\dfrac{5}{2}(4-t)>0$,即t满足限制$0<t<4$.显然$t=2$并未超出t的限制范围.

5. $q=200$.

自测题

一、选择题

1. A. **2**. B. **3**. D. **4**. B. **5**. D. **6**. D. **7**. C. **8**. D. **9**. D. **10**. C.
11. A.

二、填空题

1. e^2,0. **2**. $(-\infty,0)$和$(2,+\infty)$,$(0,2)$,5,1. **3**. 2,−18. **4**. 14,−2.

三、解答题

1. 单调递增区间:$(a,0)$,(c,x_3),(x_4,b);

单调递减区间:$(0,c)$,(x_3,x_4);

极大值点：$(0,f(0))$，$(x_3,f(x_3))$；

极小值点：$(c,f(c))$，$(x_4,f(x_4))$.

2. 1∶2.

3. 利润函数 $L(x)=R(x)-C(x)=10x-0.01x^2-(5x+200)=5x-0.01x^2-200$.

$L'(x)=5-0.02x$，令 $L'(x)=0$ 得 $x=250$(吨).

$L''(x)=-0.02<0$，所以，当 $x=250$ 时，函数取得极大值. 因为是唯一的极值点，所以是最大值点，即每批生产 250 吨时取得最大利润.

4. (1) $L(x)=9\sqrt{x}-\sqrt{x^3}-4$；(2) $x=3$.　**5.** 该公司为了实现最大利润，每月的产量应该为 5 000 箱.　**6.** (1) 3 100 元；(2) 200 元.

第 4 章　不定积分

4.1　不定积分的概念

A 组

1. (1) B；(2) A；(3) D.

2. (1) $3x+C$；(2) $\frac{1}{6}x^6+C$；(3) $\frac{2}{7}x^{\frac{7}{2}}+C$；(4) $\frac{1}{2}x^2+\sin x+C$；(5) $\sin\theta+\theta+C$.

B 组

1. $$\int\frac{(x-1)^2}{x}\mathrm{d}x=\int\frac{x^2-2x+1}{x}\mathrm{d}x=\int\left(x-2+\frac{1}{x}\right)\mathrm{d}x$$
$$=\int x\mathrm{d}x-\int 2\mathrm{d}x+\int\frac{1}{x}\mathrm{d}x=\frac{1}{2}x^2-2x+\ln|x|+C.$$

2. $$\int(x^2-6\mathrm{e}^x+2\sin x)\mathrm{d}x=\int x^2\mathrm{d}x-6\int\mathrm{e}^x\mathrm{d}x+2\int\sin x\mathrm{d}x=\frac{1}{3}x^3-6\mathrm{e}^x-2\cos x+C.$$

3. $$\int\frac{x^2}{1+x^2}\mathrm{d}x=\int\left(1-\frac{1}{1+x^2}\right)\mathrm{d}x=\int\mathrm{d}x-\int\frac{1}{1+x^2}\mathrm{d}x=x-\arctan x+C.$$

4. $$\int\frac{1+x^2+x^4}{x^4(1+x^2)}\mathrm{d}x=\int\left(\frac{1}{x^4}+\frac{1}{1+x^2}\right)\mathrm{d}x=\int\frac{1}{x^4}\mathrm{d}x+\int\frac{1}{1+x^2}\mathrm{d}x=-\frac{1}{3}x^{-3}+\arctan x+C.$$

5. $$\int 4^x\mathrm{e}^x\mathrm{d}x=\int(4\mathrm{e})^x\mathrm{d}x=\frac{(4\mathrm{e})^x}{\ln(4\mathrm{e})}+C=\frac{(4\mathrm{e})^x}{1+2\ln 2}+C.$$

6. $$\int\cos^2\frac{x}{2}\mathrm{d}x=\int\frac{1}{2}(1+\cos x)\mathrm{d}x=\frac{1}{2}\int(1+\cos x)\mathrm{d}x$$
$$=\frac{1}{2}\left(\int\mathrm{d}x+\int\cos x\mathrm{d}x\right)=\frac{1}{2}(x+\sin x)+C.$$

7. $\int \frac{1}{1-\cos 2x}dx = \int \frac{1}{2\sin^2 x}dx = \frac{1}{2}\int \csc^2 x dx = -\frac{1}{2}\cot x + C.$

8. $\int (\sec^2 x + \sin x)dx = \int \sec^2 x dx + \int \sin x dx = \tan x - \cos x + C.$

9. $\int (\csc^2 x + \cos x)dx = \int \csc^2 x dx + \int \cos x dx = -\cot x + \sin x + C.$

10. $\int \cot^2 x dx = \int (\csc^2 x - 1)dx = \int \csc^2 x dx - \int dx = -\cot x - x + C.$

11. $\int \frac{\cos 2x}{\cos x + \sin x}dx = \int \frac{\cos^2 x - \sin^2 x}{\cos x + \sin x}dx = \int \frac{(\cos x + \sin x)(\cos x - \sin x)}{\cos x + \sin x}dx$

$= \int (\cos x - \sin x)dx = \sin x + \cos x + C.$

12. $\int \frac{\cos 2x}{\cos^2 x \sin^2 x}dx = \int \frac{\cos^2 x - \sin^2 x}{\cos^2 x \sin^2 x}dx = \int (\csc^2 x - \sec^2 x)dx = -\cot x - \tan x + C.$

13. $\int \csc x(\csc x - \cot x)dx = \int (\csc^2 x - \csc x \cot x)dx$

$= \int \csc^2 x dx - \int \csc x \cot x dx = -\cot x + \csc x + C.$

14. $\int (\tan x + \sec x)^2 dx = \int (\tan^2 x + \sec^2 x + 2\tan x \sec x)dx$

$= \int \tan^2 x dx + \int \sec^2 x dx + 2\int \tan x \sec x dx$

$= \int (\sec^2 x - 1)dx + \tan x + 2\sec x = 2\tan x + 2\sec x - x + C.$

4.2 不定积分的换元积分法

A 组

1. (1) D;(2) B;(3) B;(4) D.

2. (1) $\frac{1}{2}e^{2x} + C$;(2) $\arcsin e^x + C$;(3) $\frac{1}{2}(\ln x)^2 + C$;(4) $\ln|f(x)| + C$;(5) $x - \frac{1}{2}\cos 2x + C$.

B 组

1. $\int \cos x e^{\sin x} dx = \int e^{\sin x} d(\sin x) = e^{\sin x} + C.$

2. $\int \frac{e^{\sqrt{x}}}{\sqrt{x}}dx = 2\int e^{\sqrt{x}} d(\sqrt{x}) = 2e^{\sqrt{x}} + C.$

3. $\int \cot x dx = \int \frac{\cos x}{\sin x}dx = \int \frac{1}{\sin x}d(\sin x) = \ln|\sin x| + C.$

4. $\int \frac{1}{9+x^2}dx = \frac{1}{9}\int \frac{1}{1+\left(\frac{x}{3}\right)^2}dx = \frac{1}{3}\int \frac{1}{1+\left(\frac{x}{3}\right)^2}d\left(\frac{x}{3}\right) = \frac{1}{3}\arctan\frac{x}{3} + C.$

5. $\int \frac{1}{9-x^2}dx = \int \frac{1}{(3+x)(3-x)}dx = \frac{1}{6}\left(\int \frac{1}{3+x}dx + \int \frac{1}{3-x}dx\right)$

$= \frac{1}{6}\left[\int \frac{1}{3+x}d(3+x) - \int \frac{1}{3-x}d(3-x)\right]$

$= \frac{1}{6}(\ln|3+x| - \ln|3-x|) + C = \frac{1}{6}\ln\left|\frac{3+x}{3-x}\right| + C.$

6. $\int \frac{x}{\sqrt{9-x^2}}dx = -\frac{1}{2}\int \frac{x}{\sqrt{9-x^2}}d(9-x^2)$

$= -\frac{1}{2}\cdot\frac{2}{3}(9-x^2)^{\frac{3}{2}} + C = -\frac{1}{3}(9-x^2)^{\frac{3}{2}} + C.$

7. $\int \frac{1}{\sqrt{9-x^2}}dx = \frac{1}{3}\int \frac{1}{\sqrt{1-\left(\frac{x}{3}\right)^2}}dx = \int \frac{1}{\sqrt{1-\left(\frac{x}{3}\right)^2}}d\left(\frac{x}{3}\right) = \text{atcsin}\,\frac{x}{3} + C.$

8. $\int \frac{\arcsin x}{\sqrt{1-x^2}}dx = \int \arcsin x\, d(\arcsin x) = \frac{1}{2}(\arcsin x)^2 + C.$

9. $\int \cos^2 x dx = \int \frac{1+\cos 2x}{2}dx = \frac{1}{2}\left(\int dx + \int \cos 2x dx\right) = \frac{1}{2}x + \frac{1}{4}\sin 2x + C.$

10. $\int \cos^3 x dx = \int \cos^2 x \cos x dx = \int (1-\sin^2 x)d(\sin x) = \sin x - \frac{1}{3}\sin^3 x + C.$

11. $\int \cos x \cos 3x dx = \frac{1}{2}\int (\cos 2x + \cos 4x)dx = \frac{1}{2}\left[\frac{1}{2}\int \cos 2x d(2x) + \frac{1}{4}\int \cos 4x d(4x)\right]$

$= \frac{1}{4}\sin 2x + \frac{1}{8}\sin 4x + C.$

12. $\int \sin x \cos^3 x dx = -\int \cos^3 x d(\cos x) = -\frac{1}{4}\cos^4 x + C.$

13. $\int \sin^2 x \cos^3 x dx = \int \sin^2 x \cos^2 x d(\sin x) = \int \sin^2 x(1-\sin^2 x)d(\sin x)$

$= \int (\sin^2 x - \sin^4 x)d(\sin x) = \frac{1}{3}\sin^3 x - \frac{1}{5}\sin^5 x + C.$

14. $\int \frac{e^x}{1+e^x}dx = \int \frac{1}{1+e^x}d(1+e^x) = \ln|1+e^x| + C.$

15. $\int \frac{e^x}{1+e^{2x}}dx = \int \frac{1}{1+(e^x)^2}d(e^x) = \arctan e^x + C.$

16. $\int \sec x dx = \int \frac{1}{\cos x}dx = \int \frac{\cos x}{\cos^2 x}dx = \int \frac{1}{1-\sin^2 x}d(\sin x)$

$= \int \frac{1}{(1+\sin x)(1-\sin x)}d(\sin x)$

$$= \frac{1}{2}\left[\int \frac{1}{1+\sin x}\mathrm{d}(\sin x) - \int \frac{1}{1-\sin x}\mathrm{d}(-\sin x)\right]$$

$$= \frac{1}{2}\ln\left|\frac{1+\sin x}{1-\sin x}\right| + C = \frac{1}{2}\ln\left|\frac{(1+\sin x)^2}{1-\sin^2 x}\right| + C$$

$$= \ln\left|\frac{1+\sin x}{\cos x}\right| + C = \ln|\sec x + \tan x| + C.$$

17. $\int \csc x\mathrm{d}x = \int \frac{1}{\sin x}\mathrm{d}x = \int \frac{\sin x}{\sin^2 x}\mathrm{d}x = -\int \frac{1}{1-\cos^2 x}\mathrm{d}(\cos x)$

$$= -\int \frac{1}{(1+\cos x)(1-\cos x)}\mathrm{d}(\cos x)$$

$$= -\frac{1}{2}\left[\int \frac{1}{1+\cos x}\mathrm{d}(\cos x) - \int \frac{1}{1-\cos x}\mathrm{d}(-\cos x)\right]$$

$$= -\frac{1}{2}\ln\left|\frac{1+\cos x}{1-\cos x}\right| + C = \frac{1}{2}\ln\left|\frac{1-\cos x}{1+\cos x}\right| + C = \frac{1}{2}\ln\left|\frac{(1-\cos x)^2}{1-\cos^2 x}\right| + C$$

$$= \ln\left|\frac{1-\cos x}{\sin x}\right| + C = \ln|\csc x - \cot x| + C.$$

18. $\int (\sec x + \csc x)^2\mathrm{d}x = \int (\sec^2 x + \csc^2 x + 2\sec x\csc x)\mathrm{d}x$

$$= \int (\sec^2 x + \csc^2 x + 4\csc 2x)\mathrm{d}x$$

$$= \int \sec^2 x\mathrm{d}x + \int \csc^2 x\mathrm{d}x + 2\int \csc 2x\mathrm{d}(2x)$$

$$= \tan x - \cot x + 2\ln|\csc 2x - \cot 2x| + C.$$

4.3 不定积分的分部积分法

A 组

1. C.

2. $\frac{1}{4}x^4\ln x - \frac{1}{16}x^4 + C.$

3. (1) $\int \arcsin x\mathrm{d}x = x\arcsin x - \int x\mathrm{d}(\arcsin x) = x\arcsin x - \int \frac{x}{\sqrt{1-x^2}}\mathrm{d}x$

$$= x\arcsin x + \frac{1}{2}\int \frac{1}{\sqrt{1-x^2}}\mathrm{d}(-x^2) = x\arcsin x + \sqrt{1-x^2} + C.$$

(2) $\int \arctan x\mathrm{d}x = x\arctan x - \int x\mathrm{d}(\arctan x) = x\arctan x - \int \frac{x}{1+x^2}\mathrm{d}x$

$$= x\arctan x - \frac{1}{2}\int \frac{1}{1+x^2}\mathrm{d}(x^2) = x\arctan x - \frac{1}{2}\ln(1+x^2) + C.$$

(3) $\int x(\sin x+\cos x)\mathrm{d}x=\int x\sin x\mathrm{d}x+\int x\cos x\mathrm{d}x=-\int x\mathrm{d}(\cos x)+\int x\mathrm{d}(\sin x)$

$$=-\left(x\cos x-\int\cos x\mathrm{d}x\right)+x\sin x-\int\sin x\mathrm{d}x$$

$$=-x\cos x+\sin x+x\sin x+\cos x+C$$

$$=(1-x)\cos x+(1+x)\sin x+C.$$

(4) $\int x(\sin x+\cos x)^2\mathrm{d}x=\int x(1+2\sin x\cos x)\mathrm{d}x=\int x\mathrm{d}x+\int x\sin 2x\mathrm{d}x$

$$=\frac{1}{2}x^2-\frac{1}{2}\int x\mathrm{d}(\cos 2x)$$

$$=\frac{1}{2}x^2-\frac{1}{2}\left(x\cos 2x-\int\cos 2x\mathrm{d}x\right)$$

$$=\frac{1}{2}x^2-\frac{1}{2}x\cos 2x+\frac{1}{4}\sin 2x+C.$$

B 组

1. $\int x^3\arctan x\mathrm{d}x=\frac{1}{4}\int\arctan x\mathrm{d}(x^4)=\frac{1}{4}\left[x^4\arctan x-\int x^4\mathrm{d}(\arctan x)\right]$

$$=\frac{1}{4}\left(x^4\arctan x-\int\frac{x^4}{1+x^2}\mathrm{d}x\right)$$

$$=\frac{1}{4}\left[x^4\arctan x-\int\left(x^2-1+\frac{1}{1+x^2}\right)\mathrm{d}x\right]$$

$$=\frac{1}{4}\left(x^4\arctan x-\frac{1}{3}x^3+x-\arctan x\right)+C.$$

2. $\int(\arcsin x)^2\mathrm{d}x=x(\arcsin x)^2-\int x\mathrm{d}(\arcsin x)^2$

$$=x(\arcsin x)^2-\int x\cdot 2\arcsin x\cdot\frac{1}{\sqrt{1-x^2}}\mathrm{d}x$$

$$=x(\arcsin x)^2+\int\arcsin x\cdot\frac{1}{\sqrt{1-x^2}}\mathrm{d}(-x^2)$$

$$=x(\arcsin x)^2+2\int\arcsin x\cdot\mathrm{d}(\sqrt{1-x^2})$$

$$=x(\arcsin x)^2+2\left[\sqrt{1-x^2}\arcsin x-\int\sqrt{1-x^2}\mathrm{d}(\arcsin x)\right]$$

$$=x(\arcsin x)^2+2\left(\sqrt{1-x^2}\arcsin x-\int\mathrm{d}x\right)$$

$$=x(\arcsin x)^2+2\sqrt{1-x^2}\arcsin x-2x+C.$$

3. $\int x^2\ln(x-1)\mathrm{d}x=\frac{1}{3}\int\ln(x-1)\mathrm{d}(x^3)=\frac{1}{3}\left[x^3\ln(x-1)-\int x^3\mathrm{d}\ln(x-1)\right]$

$$=\frac{1}{3}\left[x^3\ln(x-1)-\int\frac{x^3}{x-1}\mathrm{d}x\right]$$

$$= \frac{1}{3}\left[x^3\ln(x-1) - \int \frac{x^3-1+1}{x-1}\mathrm{d}x\right]$$

$$= \frac{1}{3}\left[x^3\ln(x-1) - \int\left(x^2+x+1+\frac{1}{x-1}\right)\mathrm{d}x\right]$$

$$= \frac{1}{3}\left[x^3\ln(x-1) - \frac{1}{3}x^3 - \frac{1}{2}x^2 - x - \ln(x-1)\right] + C.$$

4. $\int \mathrm{e}^x\cos x\mathrm{d}x = \int \cos x\mathrm{d}(\mathrm{e}^x) = \mathrm{e}^x\cos x - \int \mathrm{e}^x\mathrm{d}(\cos x) = \mathrm{e}^x\cos x + \int \mathrm{e}^x\sin x\mathrm{d}x$

$$= \mathrm{e}^x\cos x + \int \sin x\mathrm{d}(\mathrm{e}^x) = \mathrm{e}^x\cos x + \mathrm{e}^x\sin x - \int \mathrm{e}^x\mathrm{d}(\sin x)$$

$$= \mathrm{e}^x\cos x + \mathrm{e}^x\sin x - \int \mathrm{e}^x\cos x\mathrm{d}x,$$

故 $\int \mathrm{e}^x\cos x\mathrm{d}x = \frac{1}{2}\mathrm{e}^x(\cos x + \sin x) + C.$

5. $\int \mathrm{e}^x\cos^2 x\mathrm{d}x = \int \mathrm{e}^x \cdot \frac{1+\cos 2x}{2}\mathrm{d}x = \frac{1}{2}\int \mathrm{e}^x\mathrm{d}x + \frac{1}{2}\int \mathrm{e}^x\cos 2x\mathrm{d}x = \frac{1}{2}\mathrm{e}^x + \frac{1}{2}\int \mathrm{e}^x\cos 2x\mathrm{d}x,$

$\int \mathrm{e}^x\cos 2x\mathrm{d}x = \int \cos 2x\mathrm{d}(\mathrm{e}^x) = \mathrm{e}^x\cos 2x - \int \mathrm{e}^x\mathrm{d}(\cos 2x) = \mathrm{e}^x\cos 2x + 2\int \mathrm{e}^x\sin 2x\mathrm{d}x$

$$= \mathrm{e}^x\cos 2x + 2\int \sin 2x\mathrm{d}(\mathrm{e}^x) = \mathrm{e}^x\cos 2x + 2\left[\mathrm{e}^x\sin 2x - \int \mathrm{e}^x\mathrm{d}(\sin 2x)\right]$$

$$= \mathrm{e}^x\cos 2x + 2\left(\mathrm{e}^x\sin 2x - 2\int \mathrm{e}^x\cos 2x\mathrm{d}x\right),$$

故 $\int \mathrm{e}^x\cos 2x\mathrm{d}x = \frac{1}{5}(\mathrm{e}^x\cos 2x + 2\mathrm{e}^x\sin 2x)$，

从而 $\int \mathrm{e}^x\cos^2 x\mathrm{d}x = \frac{1}{2}\mathrm{e}^x + \frac{1}{10}(\mathrm{e}^x\cos 2x + 2\mathrm{e}^x\sin 2x).$

6. $\int \cos(\ln x)\mathrm{d}x = x\cos(\ln x) - \int x\mathrm{d}[\cos(\ln x)] = x\cos(\ln x) + \int x\sin(\ln x) \cdot \frac{1}{x}\mathrm{d}x$

$$= x\cos(\ln x) + \left[x\sin(\ln x) - \int x\cos(\ln x) \cdot \frac{1}{x}\mathrm{d}x\right],$$

故 $\int \cos(\ln x)\mathrm{d}x = \frac{1}{2}[\cos(\ln x) + \sin(\ln x)].$

7. $\int \csc^3 x\mathrm{d}x = -\int \csc x\mathrm{d}(\cot x) = -\left[\csc x\cot x - \int \cot x\mathrm{d}(\csc x)\right]$

$$= -\left(\csc x\cot x + \int \csc x\cot^2 x\mathrm{d}x\right) = -\left[\csc x\cot x + \int \csc(\csc^2 x - 1)\mathrm{d}x\right]$$

$$= -\left(\csc x\cot x + \int \csc^3 x\mathrm{d}x - \int \csc x\mathrm{d}x\right)$$

$$= -\csc x\cot x + \ln|\csc x - \cot x| - \int \csc^3 x\mathrm{d}x,$$

故 $\int \csc^3 x\mathrm{d}x = -\frac{1}{2}\csc x\cot x + \frac{1}{2}\ln|\csc x - \cot x|.$

8. $\int x(\tan x+\cot x)^2\mathrm{d}x=\int x(\tan^2 x+\cot^2 x+2)\mathrm{d}x=\int x\tan^2 x\mathrm{d}x+\int x\cot^2 x\mathrm{d}x+\int 2x\mathrm{d}x$

$$=\int x(\sec^2 x-1)\mathrm{d}x+\int x(\csc^2 x-1)\mathrm{d}x+\int 2x\mathrm{d}x$$

$$=\int x\sec^2 x\mathrm{d}x+\int x\csc^2 x\mathrm{d}x=\int x\mathrm{d}(\tan x)-\int x\mathrm{d}(\cot x)$$

$$=x\tan x-\int \tan x\mathrm{d}x-x\cot x+\int \cot x\mathrm{d}x$$

$$=x\tan x+\ln|\cos x|-x\cot x+\ln|\sin x|+C.$$

9. $\int xf'(x)\mathrm{d}x=\int x\mathrm{d}f(x)=xf(x)-\int f(x)\mathrm{d}x.$

因为$\int f(x)\mathrm{d}x=\ln x+C$,所以 $f(x)=\left[\int f(x)\mathrm{d}x\right]'=\frac{1}{x}.$

所以$\int xf'(x)\mathrm{d}x=x\cdot\frac{1}{x}-\ln x+C=1-\ln x+C=-\ln x+C'(C'=1+C).$

自测题

一、选择题

1. C. 2. D. 3. C. 4. B. 5. A. 6. C. 7. B. 8. A.

二、填空题

1. $\frac{\sin x+1}{\cos x+1}+C.$ 2. $\sin(\mathrm{e}^x+1)+C.$ 3. $\frac{\cos^2 x}{1+\sin x}+C.$ 4. $\ln|f(x)+C|.$

5. $xf'(x)+f(x)+C.$

三、解答题

1. (1) $2\sin\sqrt{x}+C$;(2) $\ln|\sin 2x|+C$;(3) $3\cos x-x^2\cos x+2x\sin x$;(4) $-\frac{1}{3}(1-x^2)^{\frac{3}{2}}.$

2. 由题意知

$$\int f(x)\mathrm{d}x=\frac{\ln x}{x}+C.$$

对等式两边同时求导得到

$$f(x)=\frac{1-\ln x}{x^2}.$$

因此

$$\int xf(x)\mathrm{d}x=\int\left(\frac{1}{x}-\frac{\ln x}{x}\right)\mathrm{d}x=\ln x-\int \ln x\mathrm{d}(\ln x)=\ln x-\frac{1}{2}\ln^2 x+C.$$

第5章　定积分及其应用

5.1　定积分的概念

A组

1. (1) $\sin x$,1,0;(2) 0,0　**2.** (1) A;(2) B;(3) D.

3. 根据定积分的几何意义可知结果为$(3-1)C=2C$.

B组

1. (1) $-\frac{1}{2}$;(2) $\int_0^1\sqrt{x}\mathrm{d}x$.　**2.** (1) D;(2) B;(3) C.

3. 将区间[0,1]进行n等分,每个小区间的长度为$\frac{1}{n}$,取ξ_i为每个小区间的右端点,得积分和$\sum_{i=1}^{n}\frac{i}{n}\cdot\frac{1}{n}$,计算积分和得$\sum_{i=1}^{n}\frac{i}{n}\cdot\frac{1}{n}=\frac{1}{n^2}\sum_{i=1}^{n}i=\frac{1}{n^2}\cdot\frac{(1+n)n}{2}=\frac{1}{2}+\frac{1}{2n}$. 由此得$\lim\limits_{n\to\infty}\sum_{i=1}^{n}\frac{i}{n}\cdot\frac{1}{n}=\lim\limits_{n\to\infty}\left(\frac{1}{2}+\frac{1}{2n}\right)=\frac{1}{2}$,由定积分的定义可知$\int_0^1 x\mathrm{d}x=\frac{1}{2}$.

5.2　定积分的性质

A组

1. (1) $>,<,=,>$;(2) $\int_0^{\pi}\sin x\mathrm{d}x-\int_{\pi}^{2\pi}\sin x\mathrm{d}x$.

2. (1) D;(2) A;(3) D;(4) C.　**3.** (1) 12(过程略);(2) 8(过程略).

B组

1. (1) $\int_0^1\sqrt{1+x^3}\mathrm{d}x$;(2) 4.　**2.** (1) D;(2) B;(3) C.

3. (1) 6π(过程略);(2) 4π(过程略).

5.3　牛顿-莱布尼茨公式

A组

1. (1) $\frac{\pi}{2}$;(2) 8;(3) 1.　**2.** (1) C;(2) D;(3) A;(4) B.

3. (1) 1;(2) $1-\frac{\pi}{4}$;(3) 2;(4) $\frac{14}{3}$;(5) $\mathrm{e}-1$;(6) 18;(7) 1;(8) $\frac{1}{200}$.

B 组

1. (1) $\pi-2$;(2) -4.　**2.** (1) C;(2) A;(3) C.　**3.** (1) -1;(2) $\frac{1}{4}$;(3) 2;(4) 18.

5.4　定积分的换元积分法和分部积分法

A 组

1. (1) 0;(2) 0;(3) $4a$.　**2.** (1) B;(2) A;(3) A;(4) D.

3. (1) $\frac{1}{4}$;(2) $\frac{1}{3}$;(3) $\frac{2-\pi}{2}$;(4) $2-\left(1-\frac{\ln 3}{2}\right)$;(5) $5\ln 5-4$;(6) -2.

B 组

1. (1) 1;(2) $1-2e^{-1}$.　**2.** (1) B;(2) C;(3) D.　**3.** (1) $\frac{4}{3}-\frac{\sqrt[4]{2}}{3}$;(2) $\frac{1-\pi}{4}$;

(3) $\frac{e}{2}(\sin 1-\cos 1+1)$;(4) $\frac{\pi^3}{6}-\frac{\pi}{4}$.

5.5　定积分的应用

A 组

1. (1) 曲边梯形的面积;(2) $\int_a^b |f(x)-g(x)|\mathrm{d}x$;(3) y.

2. (1) A;(2) B;(3) D;(4) B.

3. (1) $f'(x)=-3x^2+2ax+b$.

由 $f'(0)=0$,得 $b=0$,所以 $f(x)=-x^3+ax^2$. 令 $f(x)=0$,得 $x=0$ 或 $x=a(a<0)$.

$S_{阴影}=-\int_a^0(-x^3+ax^2)\mathrm{d}x=\frac{1}{12}a^4=\frac{1}{12}$,故 $a=-1$.

(2) 由 $y=\frac{2}{x}$ 与 $y=x-1$ 联立可得 $C(2,1)$,由 $y=\frac{2}{x}$ 与 $x=4$ 联立可得 $B\left(4,\frac{1}{2}\right)$,由 $y=x-1$ 与 $x=4$ 联立可得 $A(4,3)$. 所求封闭图形的面积

$$S=\int_2^4\left(x-1-\frac{2}{x}\right)\mathrm{d}x=\left[\frac{1}{2}x^2-x-2\ln x\right]_2^4=4-2\ln 2.$$

B 组

1. (1) $\frac{1}{2}+\ln 2$;(2) $e+e^{-1}-2$.　**2.** (1) C;(2) B;(3) C;(4) D.

3. (1) $W=\int_0^4 F(x)\mathrm{d}x=\int_0^2 10\mathrm{d}x+\int_2^4(3x+4)\mathrm{d}x=10x\Big|_0^2+\left(\frac{3}{2}x^2+4x\right)\Big|_2^4=46(\mathrm{J})$.

(2) 由 $f(0)=0$ 得 $c=0$,$f'(x)=3x^2+2ax+b$.

由 $f'(0)=0$，得 $b=0$，所以 $f(x)=x^3+ax^2=x^2(x+a)$.

由 $\int_0^{-a}[-f(x)]\mathrm{d}x=\frac{27}{4}$，得 $a=-3$.

所以 $f(x)=x^3-3x^2$.

自测题

一、选择题

1. D. **2.** B. **3.** D. **4.** C. **5.** B. **6.** C. **7.** A.

二、填空题

1. $\frac{1}{2}e^{2x}$. **2.** $2x$. **3.** $y=x^3-1$. **4.** $\arctan e^x+C$. **5.** 0. **6.** 0.

7. $\frac{1}{2}[f(2b)-f(2a)]$.

三、解答题

1. (1) $x+6x^{\frac{5}{6}}-2x^{\frac{1}{2}}+C$；(2) $\frac{1}{3}(x^2-2)^{\frac{3}{2}}+C$；(3) $\ln|\sin x|+C$；(4) 1；(5) $6-4\ln 2$；(6) $2(\sqrt{x}-1)e^{\sqrt{x}}+C$.

2. $\frac{3}{2}-\ln 2$. **3.** 400 万元. **4.** 略.